UNE CAMPAGNE

SUR LES CÔTES

DU JAPON

IMPRIMERIE GÉNÉRALE DE CH. LAHURE
Rue de Fleurus, 9, à Paris

UNE CAMPAGNE

SUR LES CÔTES

DU JAPON

PAR

ALFRED ROUSSIN

AIDE-COMMISSAIRE DE LA MARINE

PARIS

LIBRAIRIE DE L. HACHETTE ET Cie

BOULEVARD SAINT-GERMAIN, N° 77

1866

Droit de traduction réservé

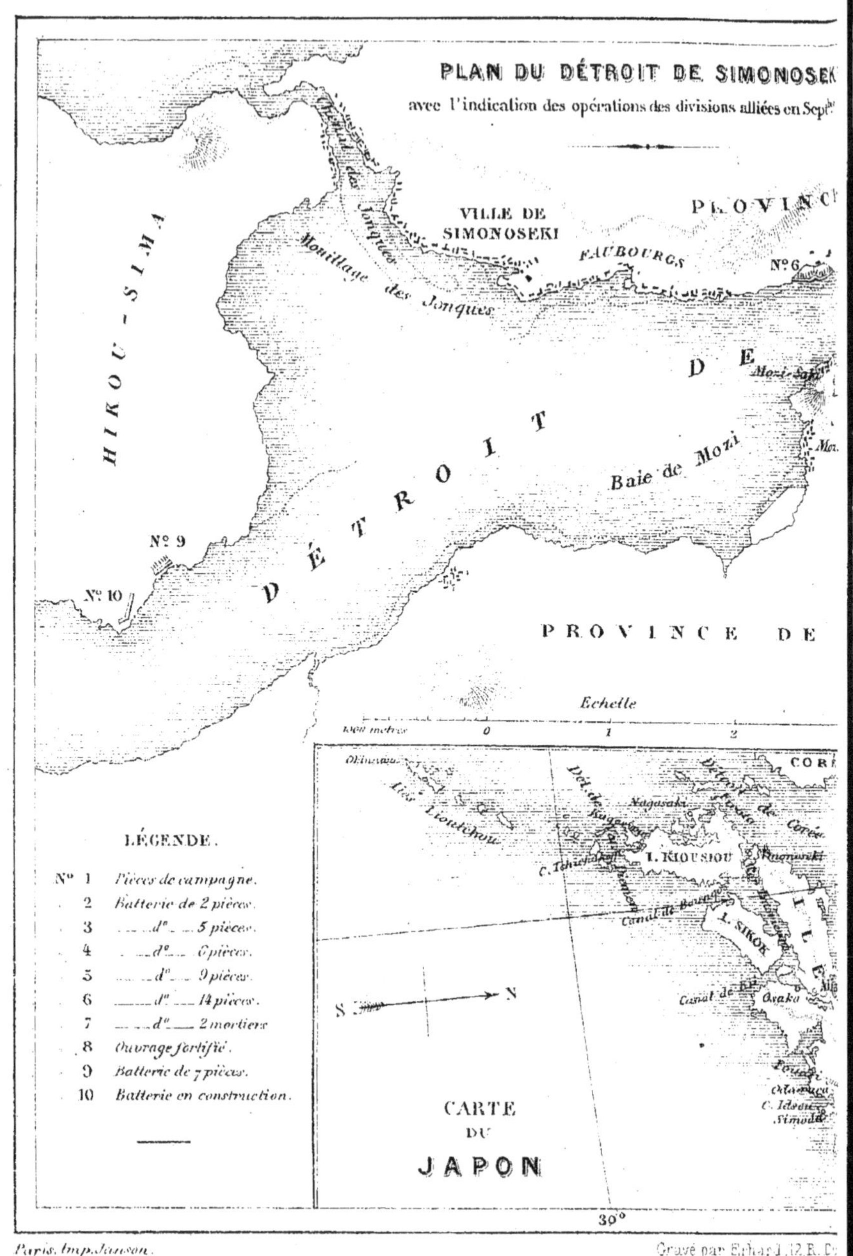

Paris. Imp. Janson.   Gravé par Erhard, 12, R. D...

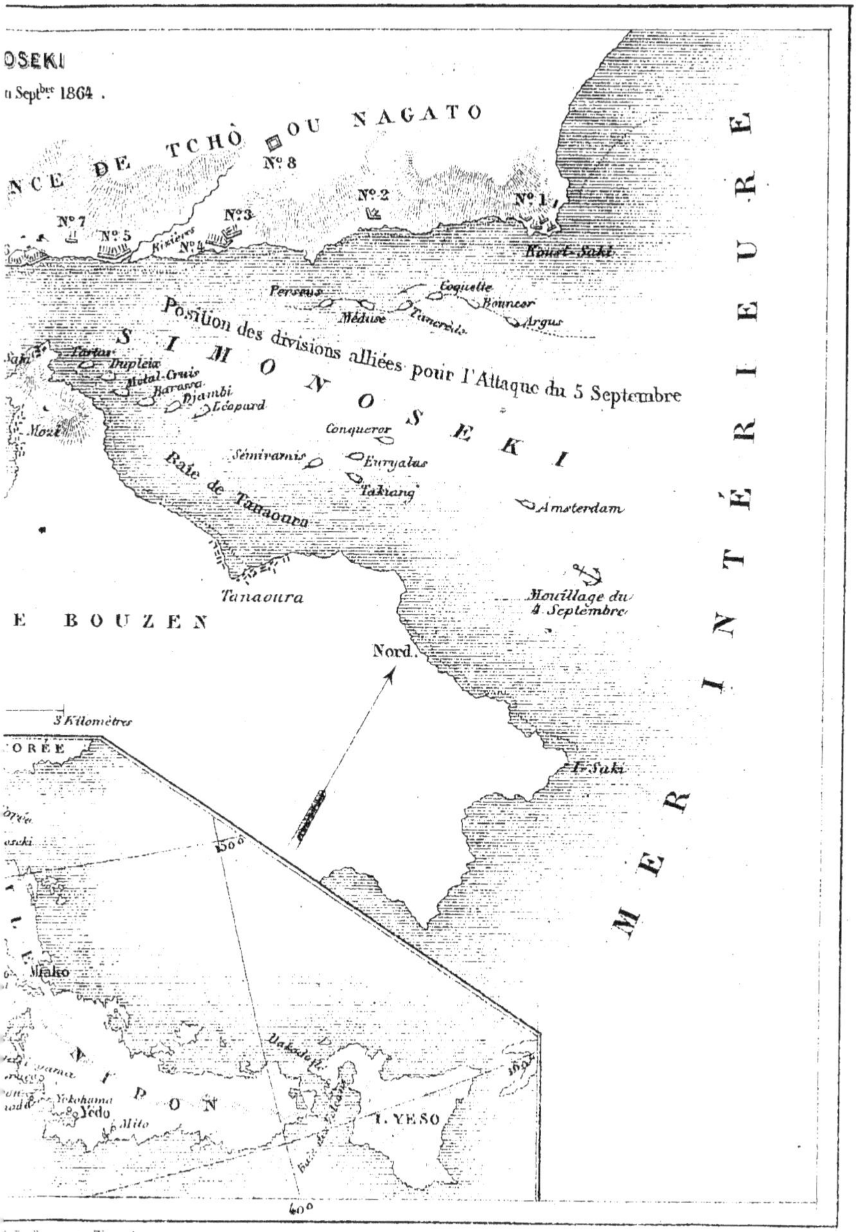

OSEKI
11 Sept.re 1864.
PROVINCE DE TCHÒ OU NAGATO
N° 8
N° 7
N° 5
N° 3
N° 4
Rivières
N° 2
N° 1
Kourt-Saki
Perseus
Coquette
Méduse
Tancrede
Bouncer
Argus
Position des divisions alliées pour l'Attaque du 5 Septembre
SIMONOSEKI
Tartar
Dupleix
Metal-Cruis
Barossa
Djambi
Léopard
Conqueror
Sémiramis
Euryalus
Takiang
Amsterdam
Mozi
Baie de Tanaoura
Tanaoura
Mouillage du
4 Septembre
BAIE BOUZEN
Nord.
MER INTÉRIEURE
3 Kilomètres
CORÉE
Simonoseki
Niako
Osaka
Yakodoli
Yokohama
Yédo
Mito
I. YESO
NIPON
150°
150°
150°
160°
160°
E. Duguy-Trouin.

UNE CAMPAGNE

SUR LES

CÔTES DU JAPON.

Le 5 avril 1863, la frégate *la Sémiramis*, sur laquelle nous étions embarqués, appareillait de la baie de Tourane et laissant derrière elle les hautes montagnes de l'empire annamite, se dirigeait vers les côtes de la Chine.

Deux mois auparavant, une insurrection avait éclaté tout à coup dans les provinces de la basse Cochinchine, récemment conquises par nos forces réunies à celles de l'Espagne. Instruit du danger qui menaçait la stabilité de notre nouvelle conquête, le contre-amiral Jaurès avait quitté Shang-haï pour se rendre à Saïgon, avec *la Sémiramis*, sur laquelle flottait son pavillon, la frégate *la Renommée* qui se disposait alors à rentrer en France, et quelques compagnies du 3ᵉ bataillon d'infanterie légère

d'Afrique qu'il avait en Chine à sa disposition.
L'arrivée de ces renforts avait permis au corps ex-
péditionnaire de reprendre partout l'offensive.
Après une courte campagne qui avait suffi pour
tout faire rentrer dans l'ordre, l'amiral s'empres-
sait de rallier la station dont il avait le commandement.

Nous arrivâmes à Hong-Kong le 8 avril. En décembre 1862 nous avions trouvé sur cette rade
une nombreuse flottille de navires de guerre anglais ; le contre-amiral Kuper, qui en avait le commandement, avait alors l'intention d'y passer la
saison d'hiver, à l'abri des épidémies meurtrières
du nord de la Chine, dont son équipage avait reçu,
l'automne précédent, une assez rude atteinte ; mais
un ordre de l'amirauté lui avait enjoint, en février,
de se rendre immédiatement au Japon. De nombreux attentats commis dans ce dernier pays contre
des sujets anglais, résidents des ports ouverts au
commerce, avaient ému l'opinion publique en Angleterre et décidé le gouvernement à y envoyer
des forces. Le ministre de Sa Majesté britannique
était chargé, dès leur arrivée, d'exiger des réparations du gouvernement de Yedo, et dans le cas où
ce dernier se refuserait à les accorder le contre-
amiral Kuper aurait à l'y contraindre par l'emploi
de mesures coercitives.

Nous ne restâmes à Hong-Kong que le temps nécessaire aux ravitaillements, et, remontant les côtes de Chine contre les derniers souffles de la mousson du nord-est, nous jetâmes l'ancre le 17 avril à Woosung, à l'embouchure de l'immense fleuve du Yang-tse-Kiang et à quelques milles de Shang-haï. L'amiral fit aussitôt débarquer les trois cents soldats du 3ᵉ bataillon d'infanterie légère d'Afrique que nous avions ramenés de Cochinchine et qui reprirent, dans cette dernière ville, leur garnison habituelle[1].

Un courrier arriva à ce moment même du Japon, nous apportant de ce pays de graves nouvelles. L'escadre de l'amiral Kuper, réunie dans la baie de Yedo, allait, dit-on, ouvrir les hostilités à l'expiration d'un délai tirant à sa fin, sans que les Japonais eussent encore accédé à une seule des demandes formulées. Ces derniers semblaient se disposer à la

---

1. Depuis l'expédition de Chine, les forts de Takou et quelques autres points du littoral sont restés occupés par de petites garnisons anglo-françaises. La garde de ces points est une garantie de l'exécution des traités, et met les établissements étrangers à l'abri de ces rebelles Taïpings dont les armées occupent encore une partie de l'empire chinois. Les expéditions entreprises au printemps de 1862 par le vice-amiral Hope et le contre-amiral Protais ont éloigné de Shang-haï et de Ning-pô ces turbulents voisins; des corps anglo et franco-chinois, commandés par des officiers européens, ont repoussé peu à peu les Taïpings sur la province de Nankin. Cette ville, le principal boulevard et la résidence habituelle de leurs rois est tombée récemment entre les mains des impériaux.

résistance, et les plus sérieux dangers menaçaient
la colonie européenne de Yokohama. La gravité de
ces nouvelles et l'importance de la question qui
allait probablement se décider engagèrent l'amiral
Jaurès à ne pas différer son départ pour le Japon.
La tranquillité dont jouissaient la ville de Shang-haï
et les autres comptoirs de la Chine rendait suffisante la présence sur ces points des autres navires
de la division, petits bâtiments propres à la navigation des fleuves et des côtes. D'autre part, dans
les eaux de Yokohama, un seul navire français,
la corvette à vapeur *le Dupleix*, était resté à l'ancre
depuis l'automne précédent, chargé actuellement
de prêter son appui moral et, au besoin, un refuge
au personnel de notre légation et à nos nationaux,
déjà nombreux dans ces parages[1].

Sortis de Woosung le 22 avril, nous aperçûmes,
deux jours après, les hautes montagnes et les pics
volcaniques de l'île Kiousiou. Le 26 au soir nous
jetions l'ancre en rade de Kanagawa au milieu
d'une imposante réunion de navires de guerre appartenant à diverses nations ; nous apprenions avec

---

1. Le nombre de nos nationaux dans les ports de la Chine et
du Japon, très-faible dans le principe, s'accroît de jour en jour.
Il ne faudrait pas, pour l'évaluer, prendre le mouvement de
notre marine marchande dans ces parages ; celle-ci ne fait presque pas d'armements pour les mers de Chine, et cependant les
rares capitaines qui s'y aventurent avec leurs navires se félici-
tent des grands bénéfices qu'ils y font en une campagne.

satisfaction que la crise n'avait pas encore éclaté et que les amis nombreux de la paix ne désespéraient même pas de voir reculer la guerre, dont le premier effet allait être d'arrêter immédiatement les transactions commerciales, et peut-être de faire évacuer le pays en toute hâte.

Telle fut notre première apparition au Japon, pays nouveau pour l'Europe, tout récemment ouvert aux nations étrangères et qu'avaient encore à peine fait connaître les récits des premiers arrivants. Nous avions recueilli ces récits, dont les auteurs parlaient d'une civilisation avancée, d'une organisation politique singulière, d'un état social rappelant notre féodalité du moyen âge. A l'intérêt développé par ce curieux spectacle allait bientôt se joindre celui des événements prenant naissance, au début de l'année 1863, d'une situation extrêmement tendue et d'une complication progressive des rapports politiques.

C'est le récit de ces événements, où furent engagés le drapeau et les intérêts de la France, que nous avons entrepris d'écrire. Il nous a semblé, toutefois, que quelques mots sur l'histoire et l'organisation de ce pays et sur les incidents qui s'y étaient déroulés depuis son récent contact avec les nations étrangères étaient nécessaires à l'intelligence des faits contemporains. C'est donc par là que nous commencerons; laissant, pour le moment, les divisions française et anglaise mouillées dans la baie de Yedo, nous prendrons le Japon à l'époque, éloignée de trois siècles, où, pour la première fois, il apparut aux navigateurs venus de l'Occident.

CHAPITRE I.

Si l'on jette les yeux sur une carte de l'Asie, l'on aperçoit, au nord des mers de Chine, un groupe d'îles présentant à peu près, dans leur ensemble l'aspect et la superficie de l'Angleterre : c'est le Japon, pays volcanique, couvert de montagnes et entouré de récifs. A l'ouest un détroit de trente à quarante lieues le sépare de la presqu'île de Corée, pointe avancée de l'empire chinois ; au nord, par l'île de Yesso, il touche aux possessions russes de la Sibérie. Sur tous les autres points, les profondeurs du Pacifique l'isolent du reste du globe.

Cette situation géographique du Japon, et l'absence, chez ce peuple, d'un grand commerce maritime, expliquent l'ignorance dans laquelle les navigateurs européens restèrent longtemps sur son existence ou du moins sur sa véritable situation. En 1543, pour la première fois, alors que les Portugais et les Hollandais répandus sur les côtes de l'Indo-Chine et dans les archipels voisins se disputaient le commerce de l'Asie, une jonque montée par quelques Portugais fut poussée par la tempête sur une des îles méridionales du Japon. Un accueil bienveillant leur fut fait ; ils s'empressèrent de retourner en Chine et de faire part de leur découverte. — Quelques années après, les colonies de Macao, de Manille et même de Goa dans les Indes, envoyèrent de nombreuses migrations dans ce pays, où les attiraient la douceur des habitants, la beauté d'un climat semblable à celui du midi de l'Europe et des ressources commerciales immenses. Le peuple japonais, race intelligente et curieuse d'apprendre, accueillit avec intérêt les nouveaux venus, leur industrie et leurs sciences. De riches comptoirs s'établirent sur plusieurs points, notamment à Nagasaki et à Firato, et le Japon échangea ses produits contre ceux des nations européennes et de leurs colonies des Indes-Orientales. Ce pays fut donc, une première fois, ouvert aux productions et aux idées d'un monde qu'il ignorait, d'une civilisation que ses rares et jalouses relations avec la Chine ne pouvaient lui avoir révélée. Les missionnaires chrétiens y étaient arrivés à la suite des navigateurs ; ils furent accueillis avec une faveur aussi grande. Le catholicisme trouva chez le peuple japonais de fervents adeptes, et de nombreux établissements religieux se fondèrent à côté des temples où se célébrait le culte de Bouddha, et celui du *Sintisme* ou religion nationale.

L'état du pays, d'ailleurs, favorisait l'introduction de l'élément étranger. Des guerres civiles divisaient les grands princes feudataires qui se partageaient le Japon ; soumis, en principe, à l'autorité d'un empereur ou *Mikado*, duquel ils tenaient leur investiture, ils cherchaient, depuis des siècles, à s'affranchir de cette suprématie et à régner en maîtres sur leurs provinces, dont leurs ancêtres avaient reçu la garde au temps des premiers souverains. Obligés de les ramener constamment par la force au sentiment de leur devoir, les Mikados avaient, quatre cents ans auparavant, créé la charge de *Siogoun*, ou général en chef, personnage investi du commandement des forces impériales, avec mission de maintenir les princes dans l'obéissance. La dignité s'était perpétuée avec l'état de guerre qui en avait été l'origine, et les Siogouns, comme les maires du palais sous nos rois fainéants, avaient peu à peu accaparé l'exercice réel du pouvoir. Reléguant les Mikados dans un rôle à peu près spirituel, ne leur laissant de la suprématie que les apparences, ils finirent par concentrer dans leurs propres mains la direction des affaires de l'empire. C'est dans cet état que les premiers Européens trouvèrent le pays. Les Siogouns, malgré l'énergie qui avait manqué aux faibles Mikados, malgré les divisions qui régnaient entre les princes eux-mêmes, avaient jusqu'alors échoué devant leur résistance. On vit alors les uns accueillir avec empressement les étrangers, leurs inventions et même la religion qu'ils proclamaient, tandis que chez d'autres la présence de ces mêmes étrangers et de leurs adeptes servait de prétexte à des proscriptions et à des représailles. Au milieu de cette existence orageuse, les relations commerciales se développèrent, le catholicisme grandit; et la croix, tenant en échec les vieilles religions du pays, vint se dresser jusque dans les murs de Miako, la ville sainte, le sanctuaire du culte des *Kamis*[1].

C'est en 1590, à l'apogée de cet état florissant des comptoirs et des établissements européens, que le célèbre Taiko-Fidéyosi prit en main l'épée des Siogouns. Il sut le premier porter une atteinte sérieuse à l'indépendance de la féodalité japonaise, et jeter les fondements d'un pouvoir central que ses successeurs allaient organiser et affermir. Aussi

---

1. L'église de Miako fut fondée en 1560, des lettres patentes de l'empereur du Japon y ayant autorisé les Pères portugais, malgré une vive opposition de tout le clergé national.

bon politique qu'habile général, Taïko sut désunir les princes ; et, flattant leurs ressentiments et leur ambition, les ramener successivement à reconnaître son autorité ; puis, lorsqu'il eut entre les mains la direction de toutes ces forces auparavant désunies, il songea à les occuper à quelque expédition étrangère, où les succès, comme les revers, allaient donner un aliment à l'esprit belliqueux de la nation ; il envoya donc des armées à la conquête de la Chine, et entreprit cette guerre de Corée qui dura jusqu'à la fin de son règne (1599). Reconnaissant avoir atteint suffisamment son but, et déjà sur son lit de mort, il ordonna le rappel de l'expédition.

Le règne de Taïko fut aussi funeste aux étrangers et à leur religion qu'il l'avait été à l'indépendance des princes. Frappé par d'imprudentes révélations, le Siogoun fut amené à voir dans ces marchands semant l'or sous leurs pas, dans ces prédicateurs éloquents d'une religion nouvelle, l'avant-garde des flottes et des armées qui, de la même manière, avaient récemment conquis les plus puissants royaumes de l'Asie. Leur influence et leur nombre allaient croissant ; un incident fut le signal des proscriptions[1]. En vain quelques-uns de leurs

---

1. L'évêque du Japon, croisant un jour dans son palanquin le cortége d'un des principaux ministres, refusa de s'écarter de son passage suivant la coutume du pays, et affecta même d'occuper la plus grande partie de la route.

puissants prosélytes essayèrent-ils d'intercéder
pour eux ; ils partagèrent leur disgrâce. L'église du
Japon cessa désormais de prospérer et ne produisit
plus que des martyrs. Les ports furent fermés ; des
édits d'expulsion furent publiés partout l'empire et
gravés sur les monuments publics. A la mort de
Taïko, et lors des dissentions intestines qui se produisirent à l'occasion de sa succession, les chrétiens
essayèrent de regagner leur influence en se mêlant
aux intrigues des partis. L'élément national ayant
fini par triompher, les chrétiens, redoutés comme
conquérants, accusés de trahison, furent bannis
à jamais, ainsi que la croix, symbole de leur religion. Des milliers d'indigènes périrent avec ceux
qui leur avaient enseigné la foi nouvelle, et la religion proscrite finit par disparaître dans une mer
de sang. En l'an 1639, le Japon était définitivement
fermé. L'année suivante, le massacre de l'ambassade portugaise envoyée de Macao venait prouver
combien cette résolution était irrévocable. Le rideau
tomba sur ce drame sanglant.

Une seule et singulière exception fut maintenue,
toutefois, en faveur d'une nation qui n'arborait pas,
comme les autres, le symbole si redouté de la croix,
et qui avait su garder les sympathies du peuple
japonais en restant à l'écart de ses dissensions intestines. Les Hollandais furent admis à conserver
un comptoir dans le port de Nagasaki. Un îlot, con-

struit artificiellement en avant de la ville, leur fut assigné comme résidence. Parqués comme des prisonniers dans cette étroite enceinte, gardés à vue par une armée de fonctionnaires et d'espions, ils furent autorisés à vendre les marchandises que leur apportaient d'Europe des navires de leur nation, en nombre limité strictement à deux par année. La nationalité de chaque vaisseau qui mouillait dans la baie était scrupuleusement vérifiée ; les armes et les canons qu'ils avaient à bord étaient enlevés pour leur être rendus au départ. Tout enfin était prévu pour maintenir strictement close la barrière à jamais élevée autour du Japon. Les Hollandais acceptèrent cette situation, plus humiliante pour leur orgueil qu'elle n'était profitable à leurs intérêts commerciaux. L'îlot de Désima resta, en quelque sorte, un observatoire, une sentinelle avancée, par où le Japon pouvait surveiller, de sa retraite, les autres nations, et se mettre en garde contre toute nouvelle tentative d'invasion étrangère.

Tel fut, jusqu'à nos jours, ce spectacle, unique dans l'histoire, d'un peuple cherchant à faire oublier, en quelque sorte, son existence ; il y a dix ans cet état de choses durait encore.

Pendant cette longue période de deux cent quinze années, les seules notions qui nous parvinrent sur ce pays, furent donc nécessairement transmises par le comptoir hollandais de Décima. Tous les quatre ans le directeur de la factorerie se rendait en grande pompe dans la capitale pour offrir à l'empereur de riches présents et faire, en quelque sorte, acte de soumission; il est resté de curieuses relations de ces voyages, à travers un pays riche, excessivement populeux, et jouissant désormais d'une paix profonde, après des siècles de guerres civiles.

A l'extérieur, rien ne vint également troubler cette quiétude, sauf, de temps à autre, l'éphémère apparition de quelque navire de guerre cherchant en vain à nouer des relations avec les autorités indigènes; et, au commencement de ce siècle, en 1808 et 1813, quelques tentatives des Anglais pour surprendre et occuper la factorerie de Décima; elles échouèrent devant la vigilance des Hollandais et l'attitude hostile des batteries japonaises qui défendaient la rade de Nagazaki.

Depuis l'année 1640, où le dernier chrétien fut expulsé du sol du Japon, jusqu'au jour, tout récent, où ce pays vient d'être ouvert une seconde fois aux nations étrangères, sa constitution intérieure paraît être restée complétement stationnaire : les rapports sociaux, les mœurs, les usages, sont demeurés ce qu'ils étaient au temps des Portugais. C'est pourquoi l'étude de cette société, organisée d'une façon définitive et jouissant pendant deux cents ans d'une tranquillité profonde, est d'un grand intérêt pour l'intelligence des faits contemporains. Malheureusement, malgré les efforts faits jusqu'ici dans ce but, les points importants de cette constitution restent entourés d'une grande obscurité, maintenue par les Japonais d'aujourd'hui avec un soin jaloux. Nous allons, toutefois, donner un rapide aperçu de ce qu'elle a de plus saillant et de plus caractéristique.

A l'époque où les Siogouns essayaient vainement de réduire à l'obéissance une féodalité insoumise, un petit nombre de princes feudataires se partageait a possession du pays. D'immenses richesses, de populeux territoires favorisaient leurs projets d'indépendance et d'agrandissement; tel était le secret de cette existence contre laquelle, dès l'origine, avaient lutté sans succès les Mikados. Nous avons vu comment Taïko avait su détourner leur ardeur guerroyante. A sa mort, le régent Yyéas, après avoir usurpé le trône de son bienfaiteur au détriment du fils que ce dernier lui avait confié, eut à reprendre la lutte avec ces infatigables ennemis. Cette guerre, qui dura treize années, amena le parti de la noblesse à rechercher une paix définitive. L'avantage restait au Siogoun, qui, craignant de compromettre sa nouvelle puissance en poussant à bout ses adversaires, consentit à traiter. Quelques-uns des grands fiefs avaient disparu; les autres étaient plus ou moins réduits; les terres libres furent distribuées entre une nouvelle noblesse, en partie choisie parmi les parents de l'usurpateur, et une foule d'officiers ; ce furent les petits *Daïmios* et les *Hatta-mottos* [1].

Les anciens détenteurs de fiefs, amenés à composition, durent signer des conventions qui reconnaissaient le nouvel état de choses et réglaient désormais la mesure de leurs rapports avec l'autorité impériale. C'est ainsi qu'Yyéas, appliquant la prudente maxime « *diviser pour régner,* » créa cette noblesse des *Gofoudaï*, naturellement dévouée au gouvernement qui lui donnait son existence, et qui dut tenir constamment en échec l'ancienne féodalité.

On rend aujourd'hui à Yyéas, sous le nom de *Gongensama*, les honneurs divins, et, sous ce même nom, les Japonais paraissent désigner l'ensemble des lois qui règlent chez eux l'ordre politique et social. Il est impossible de dire si ces lois ont jamais été réunies dans un code, ou bien si, convenues secrètement entre les partis, elles restent enfouies au fond des châteaux de la noblesse et dans les ar-

1. Les princes de l'ancienne noblesse portent le titre de *Daïmios Koksis*, ceux de la noblesse créée par Yyéas ou ses successeurs sont *Daïmios Gofoudaï*, au nombre de cent trente-cinq environ, tandis que l'on ne connaît que dix-huit princes Koksis. Il faut citer encore quatre-vingt-dix familles environ de Daïmios *tosammas*, petits princes, jouissant d'une certaine indépendance. Le nombre des Hattamottos est évalué à quatre-vingt mille.

chives du gouvernement. Tout ce que l'on peut affirmer, c'est que l'expulsion irrévocable des étrangers du sol du Japon est un article fondamental de ces lois; tout ce que l'on peut dire de cette société ainsi réorganisée, c'est ce qu'il a été possible d'entrevoir de ses rouages depuis les récents événements qui ont ouvert une seconde fois le pays.

L'organisation actuelle du Japon fut donc l'œuvre d'Yyéas et de ses successeurs. A partir de cette époque, le gouvernement central, établi à Yedo, se réserva la possession directe du pays qui entoure cette capitale et de quelques-unes des villes maritimes du littoral : Osaka, Nagasaki, Simoda, Hakodadé. La province de Yedo, bordée par la mer et la chaîne des plus hautes montagnes de l'île Nipon, opposa ses frontières bien gardées à toute future tentative d'agression de la féodalité. Un proverbe japonais dit « que celui qui garde les défilés du *Quanto*, peut résister à toutes les armées arrivant du dehors. »

Le Mikado continua à vivre dans la ville sainte de Kioto. De plus en plus isolé des choses terrestres, élevé au rang des demi-dieux, chef de la religion nationale des Kamis, mais réduit, en fait d'attributions temporelles, à la nomination des hautes dignités religieuses, il cessa désormais de porter ombrage. Il garda, il est vrai, le droit d'investiture des fiefs que ses ancêtres avaient distribués, mais perdit celui d'en destituer les possesseurs. Il devint donc, on le voit, un instrument docile au nom duquel le parti le plus puissant imposerait ses volontés : c'est ainsi que, jusqu'à nos jours, les successeurs d'Yyéas ont gardé leur suprématie sur une noblesse fière de son origine et encore puissante.

A Yedo, devenue la vraie capitale, les Siogouns, quittant ce nom qui rappelait leurs anciennes fonctions de généralissime, pour celui de *Taïcoun* par lequel on les désigne aujourd'hui, organisèrent un puissant pouvoir centralisateur. Un premier ministre ou *Gotaïro*, le *Gorogio* ou conseil des Cinq, élu parmi les grands princes, et le second conseil ou *Wakadouchiori*, se partagèrent la direction des affaires, confiées pour l'exécution à de nombreux fonctionnaires subalternes. La dignité du Taïcoun ne fut pas héréditaire; trois maisons princières, descendues des trois fils d'Yyéas [1], les *Gosanké*, furent appelées à l'honneur de fournir les empereurs temporels, élus par les deux conseils de l'empire et confirmés par le Mikado.

Le point le plus curieux de cette savante organisation est une obligation imposée, depuis Yyéas, aux Daïmios et à laquelle les Koksis eux-mêmes sont tenus de se soumettre.

Chaque prince possède à Yedo un ou plusieurs

---

1. Ces maisons sont celles de Mito, de Kiisiou et d'Owari.

palais [1] et est tenu, à des époques périodiques, de venir y résider quelque temps. Il y vient avec ses officiers, ses serviteurs, avec la suite qui convient à son rang et à sa puissance, mais pour se prosterner devant le Taïcoun, premier lieutenant du Mikado, et recevoir ses ordres ou renouveler ses serments de fidélité. Cela fait, il peut partir et reprendre le chemin de ses terres ; mais, comme gage de la sincérité de ses paroles, il laisse derrière lui de précieux otages : sa femme, ses enfants n'ont pu quitter l'enceinte de son palais, où ils sont condamnés à rester éternellement, et, suivant les lois draconiennes du pays, la moindre faute du vassal retomberait immédiatement sur ses proches [2].

L'organisation de la société japonaise est restée, depuis son origine, toute aristocratique et militaire ; les princes, les nobles, les prêtres, les fonc-

---

1. L'ensemble de ces palais forme le quartier aristocratique de Yedo ; ses rues sont désertes et silencieuses, et l'on y circule entre les immenses enceintes qui entourent les palais et leurs dépendances.

2. Cette obligation, instituée par la dynastie d'Yyéas à l'époque de sa puissance, s'est conservée jusqu'à nos jours. Mais, en 1862. le bruit se répandit qu'à la faveur des troubles du pays et de l'ébranlement du pouvoir du Taïcoun, un certain nombre de princes venait de s'y soustraire : on avait remarqué de longs convois, ceux des familles de Daïmios, abandonnant leur palais de Yedo pour rentrer dans leurs provinces. Il est certain que, volontairement ou non, le Taïcoun laissa à cette époque un grand nombre de Daïmios quitter la capitale.

tionnaires et, au-dessous d'eux, le peuple divisé en
pêcheurs, agriculteurs, marchands, forment autant
de classes distinctes dans lesquelles chacun naît et
vit sans qu'il lui soit possible d'en sortir à de bien
rares exceptions près. Il n'y a pas de profession
militaire proprement dite; mais ceux qui gouver-
nent et qui commandent sont tous, le cas échéant,
appelés à concourir à la défense nationale. Les
classes supérieures, seules admises à porter les
armes et instruites à s'en servir, se chargent du
soin d'assurer la sécurité du pays ou de vider leurs
propres querelles, tandis qu'au-dessous de leurs
luttes et de leurs agitations, le peuple continue ses
travaux, assistant comme à un spectacle aux débats
auxquels il n'a jamais à prendre part. Contraint à
une obéissance absolue, à laquelle il est façonné
par son éducation, il ne saurait s'écarter un instant des lois ou des prescriptions d'étiquette qui
règlent minutieusement jusqu'aux moindres détails
de sa vie. Cet ordre de choses est poussé, au Japon,
à ses dernières limites et le pouvoir n'en affranchit
même pas; il n'est pas un Japonais qui n'en soit
l'esclave, quelque rang qu'il occupe dans la hiérarchie sociale.

Pour achever ce rapide aperçu de la société japonaise, il faut parler du rôle qu'y joue l'espionnage.
—Cette force, qui dans nos sociétés se dissimule et se
voile honteusement là où elle est réputée nécessaire

au maintien de l'ordre, s'emploie dans ce pays au grand jour. L'espionnage forme une profession publique avec sa hiérarchie et ses grades, qui sont la récompense du mérite et des services rendus. Chaque fonctionnaire d'un certain rang se voit surveillé par son collègue, tandis qu'il en surveille un autre à son tour. C'est ainsi que les Taïcouns, dans leurs jours de puissance, ont institué la charge d'un *grand juge*, habitant à Miako un palais en face de celui des Mikados, en apparence avec la mission de veiller à leur sûreté, mais en réalité avec celle de rendre compte de leurs moindres actions. Les princes ont des espions attachés à leurs personnes avec la charge de tenir au courant de leur conduite le gouvernement de Yedo ; c'est alors une profession pleine de périls, où la plus grande habileté est nécessaire. Eux-mêmes ont leurs agents à la cour du Taïcoun. Enfin le respect invétéré du peuple pour la suprématie des hautes classes fournit à celles-ci de faciles moyens de contrôle mutuel. On peut donc dire qu'une moitié du Japon espionne l'autre, et comme, d'autre part, toute désobéissance à un ordre, souvent même un simple insuccès, entraîne les châtiments les plus rigoureux, il en résulte pour le gouvernement central une grande obéissance de la part de ses fonctionnaires et une soumission absolue des basses classes à tous ses ordres. Nous en verrons plus loin de curieux exemples.

CHAPITRE II.

Les Hollandais avaient, à plusieurs reprises, essayé
d'obtenir pacifiquement du gouvernement japonais
un élargissement du cercle des relations commerciales, lorsque, voyant leurs efforts rester inutiles,
ils songèrent à se procurer la coopération de l'A-
mérique et de la Russie. Ces deux dernières puissances étaient directement intéressées, par leur
situation géographique, à obtenir l'accès des ports

japonais; et une démarche collective devait avoir un heureux résultat. Ces dernières écoutèrent l'avis qui leur était donné, mais résolurent d'en profiter chacune pour elle-même; et en 1853, le gouvernement des États-Unis se décida, le premier, à envoyer une expédition au Japon. Son but était celui qu'avaient poursuivi les Hollandais : créer des relations commerciales sérieuses entre ce pays et l'Amérique et obtenir l'ouverture d'un ou plusieurs ports; seulement cette nouvelle demande était appuyée d'une certaine force militaire, dont le déploiement devait hâter les décisions que le gouvernement de Yedo hésitait à prendre. Le message que portait le commodore Perry, chef de l'expédition, était conçu en termes modérés et conciliateurs. Le 8 juillet 1853, il apparut inopinément dans la baie de Yedo avec une division de vaisseaux de guerre et quelques troupes de débarquement. Grâce à son insistance, il parvint à communiquer avec les autorités indigènes de la ville d'Ouraga et à remettre entre les mains d'un envoyé de Yedo les propositions écrites de son gouvernement. Quelques jours après le Gorogio l'ajournait pour une réponse à une année, temps nécessaire pour consulter l'opinion du pays sur une question aussi grave. Le commodore Perry se retira paisiblement et vint hiverner en Chine.

L'émoi fut grand à la cour de Yedo : depuis quel-

ques années, un parti s'était formé parmi les hommes
influents de cette cour, proposant d'écouter les avis
de la Hollande et d'entrer en relations avec ces puissances occidentales, dont les navires couvraient les
mers voisines, et dont les armées étaient déjà descendues sur les côtes du grand empire chinois. Il
était plus prudent, disait ce parti, d'aller au-devant
des étrangers et de ne pas les pousser à une guerre
qui trouverait le pays sans défense, ce qui arriverait
en persistant dans les vieilles idées, contraires
d'ailleurs aux véritables intérêts du pays. Malgré
l'opposition d'une grande partie de la noblesse,
ayant à sa tête le puissant prince de Mito, cette opinion prévalut.

Le Taïcoun régnant était mort peu de jours après
le départ du commodore Perry ; il avait été assassiné, dit-on, par des émissaires du parti contraire
à l'introduction des étrangers ; son fils et successeur était un jeune prince incapable de s'occuper
des affaires ; on dut nommer un régent, et le Daïmio Ikammo-no-Kami, homme influent et habile,
qui penchait pour la politique de temporisation, fut
élevé à la dignité de Gotaïro. Aussi quand, en 1854,
le commodore Perry reparut à Yedo, fut-il donné
satisfaction à ses demandes.

Les Américains arrivèrent donc au Japon, où les
ports de Simoda et d'Hakodadé (sur les possessions
du Taïcoun) leur étaient ouverts ; ils s'y établirent,

non sans de nombreuses difficultés soulevées chaque jour par les autorités locales; mais bientôt leur consul général, M. Harris, vint s'établir à Simoda et, par son habileté et sa persévérance, parvint à obtenir un certain crédit auprès des fonctionnaires japonais.

L'ouverture du Japon était donc un fait accompli : une nation étrangère venait de s'y faire admettre sur le pied de l'égalité absolue, et semblait disposée à soutenir, jusqu'au bout, les droits que lui donnait un traité en bonne forme. On conçoit le mécontentement qui dut agiter le parti qui était resté fidèle aux vieilles traditions; ce mécontentement s'était déjà manifesté, à l'époque des premières relations avec le commodore Perry, dans le port d'Ouraga : à la première apparition des navires, les Daïmios voisins s'étaient armés pour repousser l'audacieux étranger, mais avaient dû, sur un ordre de Yedo, renoncer à leur dessein. Tel fut le début de la scission qui allait s'accroître rapidement entre les deux éléments réconciliés en apparence depuis deux siècles : la vieille noblesse du Japon et la puissance des Taïcouns.

Avant d'aller plus loin, nous devons encore insister sur un point : c'est la grande obscurité qui ne cesse d'envelopper les événements intérieurs de ce pays, aussi bien que les modifications de sa constitution politique. Le gouvernement japonais, jaloux sans doute de cacher aux puissances étrangères ses moyens d'action et aussi ses faiblesses, a, de tous temps, prohibé les moindres révélations à cet égard : toute infraction est punie de mort, et telle est l'étendue de cette obéissance absolue dont nous avons parlé plus haut, que l'étranger admis au Japon, en contact journalier avec ses habitants, continue à ignorer ce qui se passe autour de lui, à quelques lieues plus loin. De rares communications officielles d'une douteuse exactitude, l'aspect vague et extérieur des événements, des bruits apportés par la rumeur populaire, tels sont les seuls éléments qu'il lui soit donné de recueillir ; delà des opinions diverses, l'impossibilité de produire un ensemble bien coordonné de faits, et la nécessité de faire des réserves toutes les fois que l'on traite de pareilles matières.

On peut attribuer à trois causes la résolution décisive que venait d'adopter en 1854 la cour de Yedo, mais sans pouvoir préciser laquelle y entrait pour la plus grande part. D'abord ce gouvernement, obéissant à un sentiment de crainte, inaugurait une politique de temporisation et de ménagements en attendant l'heure où il pourrait se prononcer en connaissance de cause ; ensuite, il pouvait trouver dans l'admission prudente des commerçants étrangers et le contact de la civilisation occidentale, un grand intérêt pour le pays. En troisième lieu, se réservant à lui seul les bénéfices de la nouvelle mesure, il concentrait entre ses mains les richesses du commerce extérieur, apprenait des étrangers le nouvel art de la guerre, et ajoutait une pierre de plus à l'édifice qu'il avait élevé et maintenu depuis deux siècles, en dépit des efforts d'un parti puissant et encore redouté. Nous verrons ces préoccupations se traduire successivement dans les actes de ce gouvernement ; la seconde, toutefois, semble disparaître au milieu des embarras croissant autour des novateurs, et, sans doute elle ne les aura guidés qu'à l'origine des relations avec l'étranger.

Les événements en effet, ne devaient pas tarder à les entraîner rapidement sur cette voie où ils s'étaient engagés dans une heure de faiblesse et d'irrésolution. — En 1854, une division russe apparut au Japon sous le commandement de l'amiral Poutiatine. C'était à l'époque de la guerre de cette puissance avec la France et l'Angleterre; les forces navales de ces dernières opéraient sur d'autres points. La Russie put donc, sans contrôle gênant, mettre à profit les conseils de la Hollande, encore une fois laissée de côté. Le gouvernement japonais ne put refuser d'entrer en négociations avec une puissance d'autant plus à craindre qu'elle était sa voisine immédiate, et le pavillon russe fut bientôt admis, par un second traité, dans les ports ouverts, à côté du pavillon américain.

Ainsi arriva, sans autres événements remarquables, l'année 1858. A cette époque, la cour de Yedo apprit de la bouche des Russes et des Américains que la France et l'Angleterre, réunissant leurs forces, venaient de réduire à l'impuissance le grand empire de Chine et le contraindre à ouvrir ses ports et sa capitale. L'habile diplomate américain, M. Harris, s'empressa d'exploiter l'impression produite par ces nouvelles. Il mit sous les yeux du gouvernement japonais les dangers d'une plus longue résistance à l'esprit de progrès et représenta la France et l'Angleterre comme disposées à venir au Japon à la tête de leurs forces victorieuses, pour lui arracher des concessions dont il n'osait prévoir l'étendue et la rigueur possibles. Alors, parlant de la puissance de son propre pays, il promit que la médiation des États-Unis serait acquise au gouvernement japonais, en cas de difficultés avec les autres nations, si, d'un autre côté, il consentait à assurer aux Américains une position plus en rapport avec les besoins de leur commerce. Il mit finalement sous ses yeux le projet d'un traité beaucoup plus complet et plus étendu que le premier.

Ces paroles eurent à Yedo l'effet qu'en attendait leur auteur et inspirèrent au gouvernement la crainte de voir se réaliser ce que M. Harris annonçait. Le Mikado fut, paraît-il, consulté sur cette question, qui, touchant aux points les plus graves de

la constitution du pays, ne pouvait se résoudre sans
sa sanction. Les grands princes, ennemis naturels
du Taïcoun et de sa politique, se rallièrent autour
du trône de Miako pour faire entendre leurs doléan-
ces et donner à l'opinion de leur parti l'autorité de
la parole souveraine. Il aurait été convenu qu'un
appel allait être fait à l'opinion de toutes les classes
éclairées du pays, lorsque, le 29 juillet 1859, le
traité fut subitement signé et remis aux Américains
à Kanagawa par deux gouverneurs des affaires
étrangères plénipotentiaires du gouvernement de
Yedo. Celui-ci avait à peine eu le temps d'en étudier ou discuter les clauses ; la marche rapide des
événements qui se passaient en Chine et la pression
du diplomate américain l'avaient sans doute conduit
à cette résolution précipitée.

Par ce traité, le gouvernement japonais déclarait
le commerce libre entre les Américains et les habitants de l'empire, semblant renoncer ainsi à son
ancien monopole. Les ports de Kanagawa, dans la
baie de Yedo, de Nagasaki et d'Hakodadé étaient
ouverts dès l'année suivante, et les négociants pouvaient s'y établir à demeure. Le port de Néegata et
celui de Hiogo, dans la mer intérieure, le seraient
au 1er janvier 1863. Les villes de Yedo et d'Osaka
(le grand centre commercial du Japon, situé près de
Hiogo), pourraient, dès 1862 et 1863, servir de résidence eux étrangers appelés dans ces deux villes

par leur commerce. Le ministre américain avait le droit immédiat de résidence à Yedo et celui de circuler dans tout l'empire. Les étrangers habitant les ports ouverts étaient autorisés à circuler autour de ces points dans un rayon de dix ris (environ dix lieues kilométriques). Ils pouvaient observer librement leur propre religion, quoique le christianisme restât formellement aboli pour les populations indigènes. — Enfin, une dernière clause était celle-ci :

« Le président des États-Unis, à la requête du « gouvernement japonais, lui prêtera sa médiation « amicale dans les difficultés qui pourront s'élever « entre le gouvernement du Japon et toute puis- « sance européenne. »

Ce traité était à peine signé, que les Japonais furent à même d'éprouver, une première fois, combien cette clause, en échange de laquelle ils avaient probablement accordé toutes les autres, était au fond illusoire et inexécutable.

Les plénipotentiaires de Russie, d'Angleterre et de France, à la suite des événements de Chine, se présentèrent successivement à Yedo, non pas en conquérants avides, mais comme les représentants des grandes puissances occidentales, venant réclamer, pour leurs nationaux, une part des avantages qu'accordait aux Américains la politique nouvelle et toute libérale du pays. Après de vains efforts pour arrêter la marche des événements, et sans avoir pu profiter, dans ces circonstances difficiles, de la médiation récemment promise, le gouvernement de Yedo céda. A la fin de 1858 furent successivement signés à Yedo avec le comte Poutiatine, lord Elgin et le Baron Gros, trois traités identiques à celui qu'avait obtenu M. Harris ; naturellement, toute clause d'intervention étrangère fut écartée de leur rédaction. Les Hollandais, les paisibles habitants de Décima, ne pouvaient être oubliés dans ce jour des concessions générales ; le même traité leur fut accordé.

Ainsi donc, en quelques mois et sans efforts apparents, les grandes puissances avaient vu le Japon, abandonnant les dernières traditions de sa politique d'isolement, accepter des traités rédigés sur les plus larges bases. Il n'y eut pas, à cette époque, assez de voix pour proclamer le brillant avenir du nouvel état de choses, la future prospérité du pays qui s'ouvrait avec tant d'empressement à la civilisation occidentale, et l'impulsion nouvelle qu'allait en recevoir le commerce dans l'extrême Orient. Chaque jour, cependant, devait amener une déception, même pour ceux qui avaient été les plus modestes dans leurs espérances. Comme nous le verrons plus loin, ces traités en s'introduisant dans une société malgré la volonté d'une partie de ses membres, allaient rencontrer dans leur exécution des difficultés insurmontables et amener peu à peu une crise violente.

Les trois ports ouverts étaient ceux de Nagasaki, d'Hakodadé et de Kanagawa. En ce dernier point, situé dans le golfe de Yedo, une grande baie, à quelques lieues au sud de la capitale, offre un magnifique mouillage aux navires de tous tonnages. La position centrale de ce point en faisait évidemment le lieu le plus favorable au commerce ; c'est là que se portèrent les premiers arrivants. Au nord de la baie s'élève le petit village de Kanagawa, sur le Tokaïdo, grande route menant de Yedo aux provinces de l'ouest de l'Empire. C'est dans ce village que s'établirent les consuls ; mais les Japonais, préférant reléguer les négociants dans un lieu moins fréquenté que Kanagawa, avaient, avant l'époque fixée pour l'ouverture, comblé les bords d'un marais qui s'élève au fond de la baie, à deux milles plus au sud, et construit sur cet emplacement quelques baraques en bois. Les premiers arrivants consentirent à y loger d'une manière provisoire ; les marchands indigènes y arrivèrent ; la douane japonaise s'y établit ; enfin, au bout d'un certain temps, déjà faits à cette nouvelle résidence, les Européens, devenus chaque jour plus nombreux, finirent par s'y installer définitivement. Devant cet emplacement le mouillage était plus favorable que devant Kanagawa, où le peu de profondeur d'eau retenait les navires au large. *Yokohama* se trouva ainsi créée, et une ville véritable s'éleva bientôt à la place de l'ancien marais.

Les ministres et représentants des puissances[1] vinrent s'établir à Yedo, où de grands temples leur furent assignés comme résidences. Hakodadé fut le lieu de prédilection des Russes, qui s'établirent aussi à Nagasaki, mais semblèrent éviter Yokohama. Naturellement intéressés à exercer leur influence sur le nord du Japon, dans le voisinage de leurs possessions de Sibérie, ils firent d'Hakodadé[2] le centre de leur station commerciale et maritime. C'est là que réside, depuis l'ouverture, leur consul général. Leur politique, d'ailleurs, a toujours été, dès le principe, d'isoler leur action de celle des autres puissances européennes, et, à la suite des Américains, de se faire accepter comme protecteurs et conseillers du gouvernement japonais.

Les premiers étrangers furent donc accueillis avec la même urbanité apparente qu'avaient trouvée

1. M. Duchesne de Bellecourt, premier secrétaire de l'ambassade du baron Gros, resta au Japon comme chargé d'affaires, et plus tard, ministre de France. Le représentant de l'Angleterre fut sir Rutherford Alcock, ancien consul général en Chine.

2. La colonie étrangère d'Hakodadé est à peu près russe. Les transactions y sont presque nulles : mais le commerce ne semble pas être la préoccupation de la Russie au Japon. Elle n'a à Yokohama, le principal centre d'affaires, ni agent consulaire, ni résident.

les ambassadeurs venus pour négocier les traités.
Toutefois, on ne tarda pas à remarquer une certaine
froideur, une réserve de plus en plus accusée chez
les indigènes appartenant aux classes supérieures.
Elles se traduisirent, tout d'abord, par un refus
d'engager toute espèce de relations intimes, et l'on
vit s'inaugurer, dans les rapports de chancelleries,
le système de réticences, de petites vexations dont
le gouvernement de Yedo devait faire si longtemps
usage. Les classes inférieures, sans doute, là où
elles se trouvaient en contact immédiat avec les
étrangers, parurent satisfaites d'un état de choses
qui leur apportait le bien-être et la richesse; mais
on ne doit pas oublier la distance énorme, qui, au
Japon, sépare les classes gouvernantes du peuple,
et la soumission absolue dans laquelle elles maintiennent ce dernier.

On a souvent accusé la rapacité et la conduite
hautaine et peu conciliante des premiers négociants
étrangers établis au Japon, d'avoir amené ce fâcheux état de choses. Des lettres, des écrits ont
rejeté sur eux tout le blâme, et, dernièrement encore, dans une chambre anglaise, plusieurs ora-
teurs se faisaient l'organe de ces accusations. Ceux
qui ont vu les choses de près ne peuvent soutenir
sérieusement cette thèse. Les premiers arrivants,
se présentant avec confiance et sans protection armée au gouvernement qui leur ouvrait ses ports,

étaient les agents des grandes maisons commerciales des comptoirs de la Chine et des Indes. Si la nature de leurs opérations put parfois paraître singulière, elles s'expliquent par les entraves sans nombre que l'autorité indigène introduisit, dès l'origine, dans les transactions. C'est ainsi que, cherchant à limiter à des proportions ridicules le véritable commerce, celui qui devait porter sur les principales productions du pays, la soie, le thé, le coton, elle amena les négociants indigènes à vendre la monnaie d'or aux étrangers, transaction qu'autorisent d'ailleurs les lois du commerce international, et qui prit de fortes proportions jusqu'au jour où le gouvernement japonais vint le prohiber sous les peines les plus sévères. C'était une première infraction aux traités conclus; pourquoi en les signant, n'avaient-ils pas formulé leur restriction à ce qui menaçait de jeter la perturbation dans l'état financier du pays[1]?

Sans donc nous arrêter à ces faits, il faut chercher ailleurs la véritable cause de la scission qui se produisit dès l'origine entre les hautes classes japonaises et les étrangers; pour celui qui a quelque

---

1. L'or existe en assez grande quantité au Japon, et sa valeur, comparée à celle de l'argent, est notablement inférieure à ce qu'elle est chez les autres peuples. La monnaie d'or n'est généralement pas employée dans les transactions ordinaires; espèce de monnaie de luxe, elle reste empilée dans les caisses du trésor ou dans les châteaux des Daïmios.

peu étudié l'organisation de la société au Japon, il faut l'attribuer à l'immense différence de mœurs et d'idées des nations mises brusquement en présence. Au Japon, la classe des marchands est une des dernières; les classes supérieures supportent à peine de voir quelques-uns de ses membres amasser des richesses, et éluder en partie les lois somptuaires qui règlent à chacun, suivant son rang, jusqu'aux moindres détails de sa vie. L'égalité sociale qui règne chez nous, rapprochant les gouvernants des administrés, assurant la considération et l'influence à la richesse honnêtement acquise, devait donc choquer, plus que toute autre chose, cette société essentiellement aristocratique; elle dut craindre l'influence de l'exemple sur ces castes que, depuis l'origine des choses, elle maintenait dans une soumission incontestée, et se vit menacée, dans l'avenir, d'une révolution sociale, de la perte de son autorité et de ses priviléges [1]. Le but constant des hautes classes japonaises fut donc désormais de repousser ou d'isoler les éléments dangereux qu'elle venait de laisser s'introduire dans le pays.

Si, d'une part, le gouvernement de Yedo, avec lequel les étrangers avaient traité, dut se trou-

---

1. La phrase suivante figure dans les protestations, qui, signées de la noblesse, furent présentées au Mikado lors de la signature du traité américain; si l'authenticité de ces curieux documents ne peut être parfaitement constatée, la phrase exprime

ver le plus embarrassé pour le choix d'une ligne de conduite et se voir obligé aux plus grands ménagements, le parti opposé grandit immédiatement en influence. Les émissaires de ce parti prêchèrent dans tout le pays la haine contre les étrangers : s'appuyant sur ces lois de Gongensama qui leur interdisaient à jamais l'accès de l'empire, ils dépeignirent en termes éloquents les malheurs prêts à fondre sur le pays : l'écroulement de la vieille société japonaise, la guerre civile, la conquête du Japon par les puissances étrangères.

Ces plaintes étaient, chez les Daïmios, l'expression plus ou moins sincère de leurs craintes ; mais, sans doute, elles servaient en même temps leur cause personnelle, et l'occasion leur paraissait venue d'ébranler, en le compromettant vis-à-vis du pays et des étrangers, un pouvoir devant lequel, depuis deux cents ans, ils avaient dû plier. Les événements qui se sont déroulés depuis lors sont évidemment le résultat de cette double situation.

Peu de temps après l'installation des premiers

bien toutefois les préoccupations que nous cherchions à dépeindre :

« Si on permet aux étrangers de s'établir de côté et d'autre, ils gagneront l'esprit du peuple par l'influence de leurs paroles attractives, et le peuple finira par se laisser aller à suivre leurs usages. »

commerçants, l'opposition du parti hostile se traduit par des scènes sanglantes ; des Européens
sont assassinés à plusieurs reprises ; la voix publique et les autorités locales accusent les meurtriers d'être les agents de ce parti. Leurs coups
semblent tomber au hasard, sans distinction de
nationalité, et s'adressent donc comme une menace
à toute la colonie étrangère. Les gouvernements
protestent ; mais les crimes demeurent impunis, et
l'esprit d'hostilité du pays semble assurer un asile
immédiat aux auteurs de ces attentats.

Pendant que ces faits se passent à Yokohama, un
tragique incident, amené comme les premiers
par l'excitation des partis, vient jeter l'émoi dans
Yedo. Le 24 mars 1860, le régent Ikammono-Kami
est assassiné en plein jour, au milieu de sa nombreuse escorte, au moment où il se rendait au palais
du Taïcoun. Quelques-uns des meurtriers s'échap-
pent et portent sa tête au prince de Mito, qui la
fait exposer comme celle d'un traître. Ainsi périt,
victime de sa politique, celui qui avait laissé les
étrangers pénétrer au Japon. Peu de temps après,
le prince de Mito était tué, dit-on, par des officiers
d'Ikammono-Kami. Des faits de cette nature ne sont
pas rares dans l'histoire du Japon, pays aux mœurs
féodales et guerrières où chacun marche constamment armé ; mais, cette fois, les circonstances leur
donnaient une signification plus grave, et pouvaient

faire tout craindre d'un parti débutant par des assassinats individuels.

Le gouvernement de Yedo se trouva donc, dès les premiers temps, placé vis-à-vis de ses nouveaux hôtes dans une situation des plus difficiles. S'étant toujours posé comme le seul et véritable gouvernement du Japon, il ne tardait pas à donner des preuves, sinon de son impuissance, au moins de son isolement au milieu d'une immense faction, et de sa faiblesse à en réprimer les menées. Les représentants des puissances étrangères comprirent qu'ils n'avaient pas traité avec la nation japonaise, qu'ils n'étaient pas arrivés avec l'assentiment des principaux du pays ; le gouvernement de Yedo avait peut-être, en signant les traités, outrepassé ses prérogatives, et, d'autre part, on avait exigé de lui des concessions trop larges pour un début; plus restreintes, plus prudentes, ces clauses eussent rencontré plus de facilité dans l'exécution. Leur politique fut donc dès lors, en présence de l'effervescence croissante d'une partie du pays, de céder en protestant et d'attendre, tout en réservant les droits de leurs gouvernements, des circonstances plus favorables à la stricte observation des traités. Trop d'exigences pouvaient amener une catastrophe et l'on pouvait encore espérer une solution pacifique.

Ainsi que nous l'avons vu, de grands temples avaient été concédés aux ministres étrangers pour

leur résidence et celle du personnel de leurs légations. Ces demeures étaient regardées comme pro-
visoires, en attendant la construction d'édifices
mieux appropriés à cette destination, et il avait
fallu, pour les obtenir, lutter contre mille arguments des Japonais, tendant à persuader aux ministres de résider à Yokohama. Ils insistèrent pour
venir à Yedo ; mais, à peine y étaient-ils installés,
que le gouvernement japonais, alléguant une certaine excitation des esprits et le danger que cou-
raient les ministres au milieu d'une ville fréquentée
par les gens de tous les partis, traversée par les
cortéges des Daïmios venus de toutes les provinces
de l'empire, entoura les légations d'une garde nombreuse de *Yakounines* (officiers du Taïcoun) ; ces
derniers campèrent aux issues de ces habitations,
dans les jardins, dans les cours, et s'attachèrent
aux pas de toute personne qui s'aventurait dans la
ville.

Un malheureux événement vint toutefois prouver que ces précautions n'étaient pas superflues,
quel que fût le motif des Japonais en y assujettis-
sant les étrangers. Le 19 janvier 1861, le secrétaire
de la légation américaine, M. Heusken, était assassiné dans les rues de Yedo. Les ministres de France,
d'Angleterre et de Hollande se retirèrent momentanément à Yokohama, protestant par cette conduite contre l'incurie du gouvernement du Taïcoun

à veiller à la sûreté de ses hôtes [1]. Ils ne consentirent à rentrer dans la capitale que sur l'invitation du Taïcoun, exigée par eux ; ils y firent une entrée solennelle, et vinrent réoccuper leurs légations autour desquelles la garde de Yakounines avait été considérablement augmentée.

Quelques mois se passèrent ; sir R. Alcock s'était rendu temporairement en Chine. A son retour, il fit par terre, et sous une nombreuse escorte, le chemin de Nagasaki à Yedo. Son voyage, dont il a publié une curieuse relation, se termina sans encombre ; mais, le 3 juillet 1861, dans la nuit qui suivait son arrivée à Yedo, une vingtaine de forcenés attaquaient la légation anglaise, et n'étaient pris ou exterminés qu'après un sanglant combat avec la garde japonaise.

Le gouvernement japonais ne manqua pas de mettre l'attentat sur le compte de la faction hostile aux étrangers ; mais, en repoussant même l'idée de

1. En cette circonstance, le ministre des États-Unis, M. Harris, avait refusé de s'associer à la manifestation des représentants des autres nations, et était resté à Yedo, se disant en parfaite sûreté dans cette ville et continuant à jouer le rôle de protecteur et ami désintéressé des Japonais. Cette conduite eut pour résultat une grande froideur et une cessation de toute entente entre M. Harris et ses collègues, alors que l'unanimité des vues et d'action eût été du meilleur effet sur les autorités japonaises. Quant à celles-ci, nous verrons jusqu'à quel point elles ajoutaient foi aux protestations du ministre américain et voulaient accepter ses bons offices.

sa complicité, rien ne prouvera qu'il ne fût pas à même d'en informer à temps le ministre, et de prendre les mesures nécessaires pour l'empêcher.

Les ministres demandèrent à leurs gouvernements une garde européenne ; des marins et des soldats furent affectés à la garde des légations. Ce n'était pas sans doute le compte du gouvernement japonais ; on ne peut mettre en doute qu'il n'eût, dès l'origine, le désir d'éloigner de Yedo les représentants des puissances, les seuls étrangers jusqu'alors admis à y résider. Il les voyait donc, au lieu de fuir devant un danger de tous les jours, faire venir quelques troupes et inaugurer un système de défense militaire autour des légations. Son but n'ayant pas été atteint par cette voie, il en prit une autre : la surveillance des Yakounines redoubla ; il en fut affecté à la garde des soldats des détachements ; l'obsession de ces véritables geôliers était de toutes les heures, et s'exerçait jusque dans les couloirs et au seuil des appartements. Bref, fatigués de cette surveillance que rien ne parvenait à ralentir, les ministres de France, d'Angleterre et de Hollande abandonnèrent Yedo, où ils ne devaient plus aller que pour la discussion des affaires importantes, et, plutôt que de laisser leur influence s'user dans cette espèce de prison qui leur y était faite, vinrent s'établir à Yokohama, au milieu de leurs compatriotes. Le ministre américain persista seul à rester à Yedo.

Un système semblable s'était inauguré à Yoko-hama; la ville avait rapidement grandi, malgré les entraves incessantes opposées aux transactions commerciales par l'intervention de l'autorité dans les moindres détails ; de nombreux Européens arrivaient par chaque navire et s'installaient à côté des premiers occupants. Auprès de la concession des étrangers, un populeux quartier marchand s'était élevé, qui vivait du contact du premier. L'exportation de la soie japonaise, qui avait trouvé un accueil favorable sur les marchés de l'Europe, prenait déjà une certaine importance. Cette prospérité d'un comptoir qui débutait à peine n'avait sans doute pas été prévue par le gouvernement japonais, toujours pénétré des souvenirs de Désima. Il parut, dès lors, vouloir élever autour de Yokohama ces mêmes barrières qui avaient maintenu pendant deux cents ans les négociants hollandais complétement isolés du Japon. Cette préoccupation se traduisit par des avertissements réitérés du danger qu'il y aurait à s'exposer en dehors de la ville. Celle-ci, on se souvient, avait été élevée sur un marais comblé ; un profond canal, alimenté par une rivière et les eaux des marées, la cerna complétement. On n'y arriva que par des ponts garnis à leurs extrémités de postes nombreux. Ces mesures,

vexatoires pour la liberté de la population européenne, et jetant de temps à autre au milieu d'elle
de justes alarmes, étaient, bien 'entendu, prises
dans un but de protection. Il fallut toute la persévérance des autorités consulaires et des pourparlers sans fin pour empêcher les Japonais de faire
envahir le quartier étranger par leurs officiers, et
de le mettre, pour ainsi dire, en état de siége. On
doit reconnaître cependant que, depuis ce jour, aucun assassinat comme ceux qui avaient eu lieu dans
les rues de Yokohama en 1859 et 1860 ne s'est produit dans l'enceinte même de la ville.

Tout en arrivant à l'évacuation de Yedo, et créant
peu à peu l'isolement autour de Yokohama, le gouvernement japonais songeait, non sans frayeur, aux
nouvelles clauses des traités, à celles dont l'échéance
prochaine allait lui susciter de bien plus grands
embarras. Il avait, à plusieurs reprises, fait des
ouvertures au sujet de leur ajournement auprès des
représentants des puissances étrangères ; ceux-ci
ayant décliné toute compétence relativement à de
pareilles questions, il se décida à envoyer une ambassade en Europe.

Cette ambassade quitta Yedo au commencement
de l'année 1862, se rendit successivement chez les
puissances signataires des traités de 1858, et parla,
comme on l'avait déjà fait à leurs représentants,
des immenses embarras que ces traités avaient sus-

cités au gouvernement du Taïcoun et de l'effervescence croissante du parti de la noblesse; sur le compte duquel il fallait rejeter tous les attentats commis. Ils concluaient par la nécessité de supprimer momentanément l'exécution d'une partie des clauses des traités, notamment celles qui allaient avoir leur effet en 1862 et 1863, afin de donner à l'opinion le temps de se calmer. Ils protestèrent du bon vouloir du gouvernement du Taïcoun, et promirent, en échange des concessions demandées, des améliorations à l'état où se trouvaient les relations commerciales.

A cette époque, l'Angleterre avait au Japon les principaux intérêts, et, dans cette affaire, sa ligne de conduite devait entraîner celle des autres gouvernements. Sir R. Alcock, son ministre, était d'avis de temporiser. Dans son opinion, le gouvernement de Sa Majesté devait être patient, et céder sur des droits dont l'exigence pouvait entraîner le Japon dans la guerre civile ; il fallait laisser le temps et la fermeté tempérée de conciliation améliorer la position des étrangers; et, en attendant, se borner à veiller à la sûreté des légations et des résidents. Lord Russell approuva la ligne de conduite de son ministre, tout en lui recommandant de ne jamais faire de concessions sans équivalents. Telle fut la politique généralement adoptée. Il fut convenu entre les ambassadeurs et les gouvernements signataires des traités de 1858, que l'ouverture des ports de Neegata, Hiogo, et des villes de Yedo et d'Osaka, serait ajournée au 1er janvier 1868 ; et qu'en retour, des négociations seraient ouvertes entre les représentants étrangers et les ministres du Taïcoun relativement à l'exécution stricte des autres clauses et aux améliorations reconnues nécessaires.

Pendant que l'ambassade remplissait ainsi sa mission, au Japon la situation des Européens avait conservé le même aspect précaire, avec des alternatives de sécurité et d'alarmes. Le mariage du Taïcoun régnant avec la sœur du Mikado amenée en grande pompe de Miako, avait été annoncé officiellement par les autorités comme le signal d'un rapprochement entre les partis et une voie offerte à leur réconciliation. D'autre part, en juin 1862, une nouvelle attaque avait eu lieu contre la légation anglaise et causé le meurtre de deux sentinelles [1].

Lorsqu'en août 1862 notification fut faite au gou-

---

1. Sir R. Alcock, appelé temporairement en Angleterre, avait été remplacé par le lieutenant-colonel Saint John Neale, premier secrétaire de l'ambassade de Pékin. Depuis l'année précédente, le général Pruyn remplaçait également M. Harris comme ministre aux États-Unis. Ces changements n'en amenèrent pas dans la politique isolée des Américains, et les rapports entre le général Pruyn et ses collègues furent à cette époque aussi froids que du temps de son prédécesseur.

vernement de Yedo du prochain retour de l'ambassade, et des importantes concessions qu'elle avait obtenues, on espéra voir se réaliser les promesses données en échange : le retour de la sécurité, le développement des transactions commerciales. Un nouvel attentat vint bientôt prouver l'inanité de ces concessions, et ajouter un nom de plus à la liste, déjà si longue, des victimes du fanatisme japonais.

Nous avons dit plus haut qu'à deux milles au nord de Yokohama, le village de Kanagawa était traversé par la route du *Tokaïdo*. Sur cette route passaient presque journellement les cortéges des Daïmios appelés à Yedo ou rentrant dans leurs provinces. Lorsqu'un prince voyage au Japon, il est précédé et suivi d'une escorte en rapport avec son rang, et s'élevant parfois à quelques mille hommes. Partout, sur son passage, les habitations se ferment, le peuple se cache ou se prosterne sur le bord de la route en signe de respect. Des coureurs précèdent le cortége en invitant le peuple à se mettre à genoux, et malheur à celui qui tenterait de désobéir, les serviteurs du prince étant jaloux de conserver les honneurs et le respect dus à leur maître.

Les habitants de Yokohama, où domine l'élément anglais, avaient parmi eux de nombreux amateurs de sport, et poussaient souvent leurs promenades sur cette route, longeant les bords de la baie et adossée à de riantes collines. Plusieurs fois, ils avaient rencontré des cortéges, et, sans se soumettre aux exigences de la coutume nationale, n'avaient jusqu'alors essuyé des officiers des princes que des regards haineux ou quelques imprécations.

Le 14 septembre 1862, un négociant anglais, M. Richardson, était sorti avec trois autres personnes pour faire une promenade à cheval du côté de Yedo. A onze heures du matin, ils rencontrèrent un cortége arrivant de cette ville : c'était celui du prince Shimadzo-Sabouro, père du Daïmio de Satzouma. Ils se rangèrent sur le bord de la route et continuèrent au pas, sans être inquiétés, jusqu'au moment où apparut le *Norimon* (palanquin) du prince. A cet instant les gardes, armés de sabres et de lances, se mirent devant eux et leur intimèrent l'ordre de rebrousser chemin. Ils retournaient leurs chevaux et se disposaient à obéir, lorsque les gardes, dégainant leurs sabres, se jetèrent sur eux. Un instant après, M. Richardson tombait mutilé et les trois autres personnes, dont deux gravement atteintes, s'échappaient au galop de leurs chevaux du côté de Kanagawa. Le cortége jeta le cadavre dans un champ voisin, continua sa route et s'arrêta à trois lieues plus loin pour y passer la nuit.

A Yokohama, aussitôt l'arrivée de la seule personne qui se fût échappée saine et sauve de l'attentat, la plus vive émotion s'était répandue dans la ville. Pendant que plusieurs personnes allaient chercher le cadavre du malheureux Richardson, les résidents, assemblés en meeting, et ayant parmi eux des consuls et même des chefs de légation, proposèrent de rassembler les troupes présentes dans la ville et à bord des navires de guerre, et de les envoyer attaquer, à la tombée de la nuit, le cortége du prince dispersé dans les auberges du Tokaïdo; l'occasion s'offrait de venger aussitôt l'insulte et d'assurer, par un exemple salutaire, la sécurité à venir. Les autorités françaises offrirent leur concours dans ces circonstances où l'intérêt commun était en jeu; une députation se présenta à bord de la frégate *l'Euryalus*, sur laquelle le contre-amiral Kuper était arrivé depuis peu en rade. Le ministre d'Angleterre arrêta cet élan; il fit valoir des considérations de prudence, le peu de forces dont on disposait, les conséquences graves que pourrait avoir une opération militaire. Bref, rien ne fut fait. Le prince, prévenu vers huit du soir par le gouverneur de Yokohama des dispositions hostiles des Européens, quitta ses logements et reprit sa route en toute hâte.

Le gouvernement du Taïcoun, mis en demeure de poursuivre et de punir les assassins, répondit évasivement: Shimadzo était déjà loin, et il était impossible de savoir quels étaient, parmi ses officiers, les véritables meurtriers; le prince de Satzouma était puissant et résisterait par la force à toute tentative semblable.

Les résidents anglais critiquèrent amèrement la conduite de leur ministre. Toutefois, aux premières nouvelles, le gouvernement anglais approuva la prudence de son représentant et ne parut pas disposé à s'engager dans une voie belliqueuse. Les statistiques commerciales accusaient un accroissement progressif des transactions, et, si de récents attentats avaient prouvé le danger du séjour de Yedo et de la circulation sur certains points fréquentés, la sécurité semblait revenir pour Yokohama. La politique de temporisation fut donc recommandée.

Pendant ce temps, les ministres continuaient leurs efforts pour sonder l'état des esprits, chercher à reconnaître la force réelle du gouvernement de Yedo et amener celui-ci à une conduite plus franche. Dans le courant de l'année 1862, la situation intérieure du pays avait paru se dessiner davantage; par des documents, revêtus toutefois du même caractère d'incertitude, par des communications officielles, on apprit que les grands Daïmios, réunis autour du trône de Mikado, accusaient le Taïcoun d'avoir violé les lois de Gongensama, et que ce dernier recevait l'ordre de venir à Miako justifier sa conduite. Était-ce le Mikado cherchant

en personne à recouvrer son antique suprématie:
ou bien, dans un même but, la vieille noblesse,
jalouse du pouvoir des Taïcouns qu'elle considérait
comme des usurpateurs, donnant à ses plaintes et
à ses volontés l'autorité de la parole impériale? On
comprend l'intérêt du gouvernement de Yedo à
maintenir à ce sujet dans l'ignorance la diplomatie
étrangère. Tout ce que l'on apprit de lui, ce fut
l'ouverture de négociations entre les deux cours du
Japon, et, au commencement de 1863, le prochain
départ du Taïcoun pour Miako était officiellement
annoncé.

D'après le dire des autorités japonaises, le Taïcoun allait se rendre auprès du Mikado pour arran-
ger pacifiquement leur différend; il avait reçu de
ce dernier l'ordre d'expulser les étrangers, et le
refus d'exécuter cet ordre entraînerait la perte de
son pouvoir; il allait donc paraître céder tout d'a-
bord, de cette façon gagner du temps et amener
enfin le Mikado à une meilleure ligne de conduite.
A plusieurs reprises, il leur fut fait la proposition
d'un appui matériel et militaire des puissances
contractantes au cas où ils auraient à engager
la lutte avec le parti des Daïmios hostiles. Il fut
chaque fois répondu : « Le Taïcoun ne peut pas dé-
« sobéir ouvertement à l'Empereur, ce qui délie-
« rait immédiatement les principaux princes de
« leur serment d'obéissance, mais si jamais la

« guerre devait éclater entre eux, le Taïcoun au-
« rait pour lui la position imprenable du Quanto
« (province de Yedo) ; les Daïmios Gofoudaï, les
« 80 000 Hattamottos et les nombreux Yacounines
« suffiraient à la défendre, et envahiraient même
« les domaines des princes dès que ceux-ci se se-
« raient mis en campagne. Pour ce qui est du
« secours étranger, c'est un moyen extrême : il
« faut comparer le Japon à un corps attaqué par
« des ulcères. On peut guérir rapidement ces ul-
« cères en tranchant dans le vif, mais souvent aussi
« le malade espère que la guérison pourra être ob-
« tenue par des moyens anodins. Telle est notre
« situation actuelle. »

Quels que fussent ses projets, le gouvernement
de Yedo, depuis peu, redoublait d'activité dans
l'organisation de ses moyens d'attaque ou de défense. Dès l'ouverture du Japon par les premiers
traités, on l'avait vu, reconnaissant la supériorité
de l'art moderne de la guerre, se livrer à de nombreux achats d'armes de toutes sortes. Un certain
nombre de jeunes gens furent envoyés en Hollande
pour y recevoir une instruction scientifique et militaire, et, à leur retour, formèrent le noyau d'un
corps d'officiers et d'ingénieurs : en effet, contrairement aux autres peuples orientaux, et malgré les
tentatives faites auprès d'eux, les Japonais se refusaient à accepter les services d'officiers européens.

Des fabriques de fusils et de canons furent créées. Des bataillons de fantassins armés de fusils à percussion furent dressés aux manœuvres d'infanterie. Les autorités étrangères purent assister, plusieurs fois, à Yedo, aux exercices qu'ils pratiquaient fréquemment avec un ensemble et une précision incontestables.

Leurs efforts s'étaient également tournés vers la création d'une marine militaire. La forme élémentaire des jonques japonaises, conservée depuis des siècles conformément aux édits de la nation, ne se prêtait nullement à un service de ce genre. Ils construisirent quelques navires à voiles sur des modèles européens; et, leur industrie ne leur permettant pas encore d'aborder la fabrication délicate des machines, ils s'adressèrent au commerce étranger pour l'acquisition de vapeurs. Enfin des fortifications s'élevèrent en plusieurs points des côtes, et les anciennes furent remises en état.

Les grands Daïmios suivirent cet exemple; ils construisirent des forts, achetèrent ou fabriquèrent des armes, des canons, exercèrent des troupes à la tactique européenne et firent, dans la proportion de leurs ressources, l'acquisition de bâtiments à voiles et à vapeur. A la fin de 1862, tant chez eux que dans les ports du Taïcoun, on comptait vingt-cinq à trente navires de provenance étrangère : un petit nombre, il est vrai, pouvait porter des

canons et faire le service de véritables navires de
guerre.

Nous arrivons enfin aux sérieux événements
qu'allait amener, au commencement de 1863, cet
état de tension générale; mais, avant d'en aborder
le récit, il nous reste un dernier incident à raconter.

Après l'abandon de Yedo par les ministres étrangers, il avait été convenu avec le gouvernement du
Taïcoun que de nouvelles résidences devaient leur
être disposées sur le Goten-Yama (hauteur située
dans la partie sud de Yedo, non loin des forts et
du bord de la mer). La légation anglaise, préparée
la première et construite à grands frais, venait à
peine d'être achevée que l'on put deviner le désir
des autorités japonaises de voir les ministres renoncer encore, sinon au séjour de Yedo, au moins à
un établissement sur un point qui, par sa position,
commandait les défenses de la ville et ses abords
par le Tokaïdo. Des avances faites auprès d'eux à
Yokohama pour leur proposer un nouvel emplacement furent repoussées. Les derniers pourparlers
avaient eu lieu à la fin de janvier. Le 1ᵉʳ février, la
légation britannique était la proie des flammes, et,
pendant l'incendie allumé sur un grand nombre
de points, des détonations de poudre avaient retenti
à plusieurs reprises. Le gouvernement de Yedo
mit l'événement sur le compte du parti hostile;

mais les circonstances dans lesquelles il s'était produit tendirent à prouver que lui-même en était, sinon l'auteur, du moins le complice, et qu'il était, une fois de plus, arrivé à son but de tous les instants, la non-exécution des traités.

La portée de cet incident, toutefois, allait s'effacer devant des circonstances plus graves.

CHAPITRE III.

Nous avons laissé, au commencement de ce récit,
la Sémiramis mouillant, le 26 avril 1863, en rade
de Yokohama, au milieu d'une nombreuse réunion
de navires de guerre. — Des pluies incessantes,
comme il en tombe toujours à cette époque de l'année, s'opposèrent pendant quelques jours à toute
excursion dans la ville; nous apercevions seulement, à travers les mâtures, une longue rangée de
coquettes maisons surmontées de collines ver-

doyantes ; quelques barques, conduites par des pêcheurs revêtus de manteaux de paille, circulaient
dans la baie autour des navires. — L'intérêt des
événements politiques absorba d'ailleurs notre attention pendant les premiers jours.

Un mois auparavant, le 22 mars, on avait vu arriver à Yokokama le contre-amiral Kuper[1] avec
une partie de sa division navale, dont le reste n'a-
vait pas tardé à rallier son pavillon, portant ainsi
les forces anglaises réunies dans la baie à 12 ou 13
navires[2]. — La corvette *le Dupleix* représentait le
pavillon français, conjointement avec *la Dordogne*,
transport en réparation d'avaries. Le capitaine de
frégate Massot avait le commandement de la petite
division. Il faut y ajouter la corvette néerlandaise
la Méduse, commandée par M. de Casembroot, aide
de camp du roi de Hollande.

On ne tarda pas à apprendre que le ministre d'Angleterre était chargé, par son gouvernement, d'exiger
du gouvernement de Yedo des réparations sérieuses
à l'occasion des récents attentats commis sur des su-

1. Peu de temps après, le contre-amiral Kuper reçut de l'amirauté une commission de vice-amiral. De la sorte, suivant son
habitude en semblables circonstances, le gouvernement anglais
assurait à l'amiral commandant sa division la supériorité de
grade pour le cas d'opérations militaires combinées avec les
autres forces navales.

2. Une frégate et trois corvettes à hélice, une frégate et une
corvette à roues, cinq à six canonnières, un transport.

jets anglais, et que, de son côté, l'amiral Kuper avait
dû quitter Hong-Kong pour venir s'entendre avec le
colonel Neale sur les mesures de vigueur à prendre,
le cas échéant, en vue d'obtenir ces réparations.

L'ultimatum fut adressé, le 6 avril, par le colonel
Neale au Gorogio. — La communauté étrangère de
Yokohama était informée que l'ultimatum expirait
le 26, et qu'avant cette date des mesures seraient
prises relativement à la protection de la ville en cas
de rupture de la paix. — Le bruit se répandit que
l'amiral anglais ne pourrait répondre, dans ce cas,
de la sécurité de la ville, et que, devant peut-être
quitter la rade, il se bornerait à offrir aux habitants
un refuge à bord de ses navires. Ces nouvelles et
l'incertitude où l'on était des intentions du gouvernement japonais jetèrent la plus grande alarme
chez les résidents. — Cette alarme s'entretenait,
depuis longtemps, sous l'impression des avertissements officieux donnés à maintes reprises par les
autorités indigènes; d'après leurs communications,
rendues publiques par les consulats, on s'attendait
à voir, à un moment quelconque, des bandes de
fanatiques, de ces *lônines*[1] si souvent annoncés,
s'introduire dans la ville, y mettre le feu et même

---

1. La menace des *lônines* revient souvent à la bouche des autorités japonaises. On ne saurait donner le sens exact de ce
terme, qui semble avoir plusieurs acceptions. Tout officier qui a
perdu sa position, soit par punition d'une faute grave, soit par

en massacrer les habitants. Chacun ne sortait plus qu'armé d'un revolver, et, la nuit venue, se barricadait dans sa maison.

Le ministre anglais avait donné à ses collègues lecture de la note qu'il adressait au gouvernement de Yedo. — La note rappelait les griefs nombreux du gouvernement anglais, les attentats commis sur ses nationaux, le meutre barbare qui avait eu lieu récemment, quoiqu'à cette époque de grandes concessions eussent déjà été accordées, les fins de non-recevoir que le gouvernement japonais avait constamment opposées à toute réclamation. Cette fois, l'Angleterre exigeait formellement des réparations en accordant un délai de vingt jours pour y satisfaire. Au bout de ce temps les forces de Sa Majesté Britannique devaient, en cas de refus, appliquer des mesures coercitives. — Les demandes formulées se divisaient en deux parties :

Au gouvernement de Taïcoun :

1° L'expression formelle de ses regrets pour n'a-

---

la destitution ou la dégradation de son seigneur, se fait lônine. Réduit à ses propres ressources, ne pouvant vivre des travaux dévolus au peuple, il devient une espèce de brigand, se cachant dans les campagnes, et mettant son bras à la disposition du premier venu qui veut bien payer ses services. D'autres fois, des officiers se font volontairement lônines pour venger la mort d'un proche ou exécuter les ordres de leur maître. Dès ce moment, ne relevant plus que d'eux-mêmes, ils sont tout entiers à leur mission, et pour l'accomplir passent à travers tous les obstacles.

voir pu empêcher le meurtre d'un sujet anglais sur une route ouverte par les traités ;

2° Le payement d'une somme de 100 000 livres imposée au Japon comme punition de cette offense.

Au prince de Satzouma :

1° Le jugement et l'exécution des principaux coupables de l'attentat, en présence d'un ou de plusieurs officiers de la marine royale;

2° Le payement de 25 000 livres, pour être distribuées entre les parents de la victime et les personnes qui avaient failli succomber sous les coups des assassins.

Ces secondes demandes, une fois que satisfaction aurait été donnée aux premières, seraient directement portées au prince de Satzouma dans l'une de ses villes maritimes, en raison de l'aveu, primitivement fait par le gouvernement du Taïcoun, de son impuissance à faire arrêter les coupables. — On l'engageait, toutefois, à dépêcher un haut fonctionnaire auprès du prince, afin de lui faire connaître ces réclamations et les résultats fâcheux qu'entraîneraient pour lui des idées de résistance.

A cette époque, le Taïcoun venait de partir pour Miako. Le gouvernement de Yedo ne manqua pas, dès le principe, d'exploiter cette absence. Il allait s'occuper, répondit-il, des demandes de l'Angleterre ; mais la nécessité de s'adresser au Taïcoun pour régler des questions aussi importantes ren-

dait un plus long délai indispensable. Quant aux démarches directes que voulait faire l'Angleterre
auprès du prince de Satzouma, le gouvernement
du Taïcoun ne pouvait s'y associer sans nier, en
quelque sorte, sa propre existence et ajouter ainsi
aux embarras du moment.

Les autorités anglaises se départirent en ces circonstances de la vigueur que comportaient les
termes de l'ultimatum. Elles avaient cru que tout
céderait à la vue de leurs canons; les premiers
symptômes de résistance de la part des Japonais les
déconcertèrent. — Peu de jours après les communications du Gorogio, le colonel Neale lui écrivait
pour savoir à quelle époque le Taïcoun pourrait
donner une réponse définitive; c'était retirer ce
que l'ultimatum avait de catégorique, et se mettre,
pour son exécution, à la merci d'un gouvernement
de mauvaise foi ! — A ce même moment, le ministre américain, sans doute invité par les Japonais
à vouloir bien employer, conformément aux traités,
ses bons offices à l'aplanissement des difficultés, essaya une médiation, qui ne fut pas acceptée par les
autorités anglaises. Celles-ci, d'ailleurs, avaient
manifesté leur intention de poursuivre seules l'exécution des ordres précis de leur gouvernement.

Un *meeting* fut tenu, le 16 avril, à la légation anglaise, entre les ministres de France et d'Angleterre, et les commandants en chef des forces mari-

times présentes sur rades, pour aviser aux mesures de protection annoncées aux résidents. — Dès le 13, l'amiral Kuper avait déclaré son impuissance à protéger la ville contre un mouvement offensif des Japonais : ses forces devaient probablement, en cas de mesures coercitives à adopter, quitter la baie pour se porter sur un autre point, et, d'ailleurs, la ville, dominée par une série de hauteurs, ne pouvait être défendue efficacement. — On convint qu'il ne serait opposé, en cas d'attaque à main armée, que la résistance momentanée permettant d'embarquer les résidents et leur famille. Cette résolution fut portée à leur connaissance et on les invita à songer immédiatement à la sûreté des femmes et des enfants. — L'inquiétude redoubla à ces nouvelles. — Les réponses du gouvernement japonais n'arrivant pas ou étant tenues secrètes, on crut, non plus seulement à des attaques de lônines, mais à des hostilités générales. Chaque jour on parla de troupes indigènes se rassemblant aux abords de la ville et destinées à l'attaquer de nuit, de batteries masquées derrière les arbres des collines et devant, à un moment donné, couvrir Yokohama de feux convergents.

A mesure que le délai approchait de son terme, les autorités anglaises pouvaient se convaincre de l'insuccès de leurs premières demandes et de l'entêtement du gouvernement de Yedo. Avant son ex-

piration, toutefois, les deux partis, également désireux d'éviter une rupture immédiate, songèrent à
recourir à la médiation des autorités françaises. —
M. de Bellecourt crut opportun d'accepter une proposition qui permettait à son pays un accroissement
d'influence et pouvait prévenir un dénoûment pré-
judiciable aux intérêts communs. De la sorte, le
Gorogio réclama ses bons offices pour se faire accorder un nouveau délai; et le colonel Neale consentit, à la requête du ministre de France, à ce qu'il
ne pouvait offrir de son propre mouvement. — Le
dénoûment fut donc reculé jusqu'au 11 mai. —
C'est sur ces entrefaites que nous étions arrivés
sur rade.

A ce moment la situation prit tout à coup un caractère nouveau et qui rejetait bien loin toute espérance de solution pacifique. Des documents, adressés
d'Hakodadé par les agents consulaires, nous apprenaient que le parti hostile aux étrangers avait, sous
la pression du nombre et des influences, arraché au
Mikado un décret d'expulsion de tous les étrangers.
Le Taïcoun, appelé à Miako, avait dû céder devant
cette décision et s'engager à la mettre à exécution
dans le plus bref délai; la guerre était donc inévitable et prochaine. On désignait déjà, dans ces documents, le nom des princes chargés d'engager la
lutte sur les divers points du littoral, le chiffre des
forces dont ils avaient le commandement.

Comme pour donner plus de poids à ces graves nouvelles, un fait inattendu et sans précédent se produisit à Yokohama dans les premiers jours de mai. Un beau matin, on apprit le départ de toute la population japonaise, se composant de quelques milliers d'individus vivant dans le quartier indigène comme marchands, ou dans les maisons d'étrangers comme domestiques. Sur l'ordre qu'ils disaient avoir reçu de leurs yacounines, on vit les premiers abandonner leurs habitations, emportant leurs objets précieux, les seconds réclamer le payement de leurs gages, et, payés ou non, s'enfuir de la maison de leurs maîtres. Cette nombreuse population obéissait aux ordres de l'autorité sans le moindre symptôme de mécontentement ni de résistance. A toute proposition de cette nature, ils répondaient : « Nous partons, parce que les Yacounines l'ont ordonné ; nous craignons bien plus le sabre de nos officiers que les dangers devant résulter d'un commencement d'hostilités dans la ville. » Retenus de force, ils s'échappaient à la première occasion. La route de Kanagawa fut bientôt couverte d'une file interminable de piétons, de chevaux et de charrettes à bras portant les plus jeunes enfants et les bagages de chaque famille. L'évacuation devait être complète au bout de trois jours, et à ce moment devait cesser tout approvisionnement de la ville.

Des circonstances aussi graves devaient rapprocher les autorités de toutes nations et nécessiter l'adoption de mesures immédiates. La première fut de déclarer aux autorités locales que toute évacuation de la population indigène sur l'intérieur serait considérée comme un acte d'hostilité de la part du gouvernement japonais et suivie immédiatement de l'occupation militaire de Yokohama par les amiraux français et anglais. L'effet de cette démarche comminatoire fut de faire cesser aussitôt l'émigration; les gouverneurs répondirent qu'elle était remise momentanément et la population, déjà réfugiée dans l'intérieur, reprit avec la même docilité le chemin de la ville. En second lieu, l'amiral Jaurès offrit à l'amiral Kuper le concours des forces dont il disposait pour toutes les circonstances où les intérêts communs seraient menacés, et, en première ligne, la défense de Yokohama. Cette déclaration, rendue publique, eut pour effet de calmer les alarmes des résidents et de leur faire espérer qu'il n'y aurait peut-être pas lieu d'abandonner la ville.

Par suite des récentes nouvelles de l'intérieur et de la déclaration faite par le gouvernement japonais des progrès alarmants du parti hostile aux étrangers, l'indemnité due aux Anglais n'était plus la seule question à résoudre; il s'agissait de l'observation des traités et de l'existence même de la colonie européenne. Aussi les représentants de

France et d'Angleterre, laissant de côté d'un commun accord l'ultimatum formulé précédemment par l'Angleterre, informèrent-ils l'envoyé du Gorogio, Takemoto-Kaï-no-Kami, que, désireux d'éviter la rupture des relations amicales, ils s'étaient entendus avec les amiraux pour offrir leur appui au gouvernement du taïcoun et l'aider à triompher d'un parti dont les tyranniques exigences l'obligeaient à la violation des traités. Un délai, nécessaire pour obtenir la réponse du taïcoun, fut accordé, qui prolongeait le *statu quo* jusqu'au 21 mai. Le commerce était à peu près interrompu par suite des alarmes récentes, mais les approvisionnements se faisaient d'une manière régulière.

Nous profitâmes de ce moment de calme pour visiter la ville et ses abords.

Yokohama, nous l'avons dit, est bâtie sur un marais comblé, et s'étend, faisant face au levant, au fond d'une baie semi-circulaire. Deux quartiers la composent, essentiellement distincts par leur physionomie : au nord, du côté de Kanagawa, la ville indigène avec ses rues populeuses bordées de ces légères constructions en bois que les Japonais élèvent en quelques jours ; au sud, la ville européenne, avec ses spacieuses demeures entourées de jardins. Dans ces dernières, l'architecture pittoresque du pays se marie heureusement au style ordinaire des habitations coloniales ; un soubassement en pierre de taille, une verandah en bois sculpté faisant le tour de l'édifice, de grands toits en briques noires entremêlées de chaux et du plus charmant effet. Un large quai borde le rivage de la mer; de distance en distance s'élèvent des mâts de pavillon où les consuls arborent les couleurs nationales. Autour de nombreux magasins construits en pierres de taille et à l'épreuve du feu circulent les *coulies* traînant des charrettes à bras ou portant des ballots sur leurs épaules. Les rues sont assez étroites et peu régulières; les premiers occupants y bâtissaient à peu près à leur fantaisie. Les passants sont peu nombreux dans ce quartier tranquille, et cependant on y rencontre, en une même journée, des gens venus de toutes les parties du monde.

Dans la ville japonaise tout, au contraire, est bruit et mouvement. D'abord, à la limite des deux quartiers, s'étendent le long de la mer les bâtiments de la douane indigène. C'est là que les marchandises arrivent, débarquées des jonques qui les ont apportées de Yedo ou des provinces voisines, et qu'elles se rechargent sur des chalands qui vont les porter à bord des navires de commerce. Plus loin les curieux produits de l'industrie japonaise sont étalés comme un appât pour les étrangers, qui peuvent librement acheter, mais en les payant d'ordinaire plusieurs fois leur valeur, des laques d'or d'une remarquable délicatesse de dessin, des bronzes niellés, de vieilles porcelaines, des étoffes de soie, des ivoires curieusement travaillés. Tous ces magasins, évacués à la hâte au moment de la panique des jours précédents, s'ouvraient de nouveau avec le retour de la sécurité.

Une extrême propreté est le caractère saillant des habitations japonaises : le plancher, élevé de deux pieds au-dessus du sol, est tapissé de nattes en paille épaisses de trois et quatre centimètres, dont la blancheur s'explique par l'habitude des indigènes de laisser leurs sandales à l'entrée ; manquer à cet usage serait une grande impolitesse. Les cloisons, mobiles et glissant dans des coulisses, sont garnies de petits carreaux en papier. Pas de meubles, sauf des pupitres posés à terre pour écrire, et les *shibashis* (sorte de brasero) sur lesquels la bouilloire remplie de thé chauffe continuellement, et autour desquels on se réunit pour fumer et faire la conversation. La nuit venue, les habitants repoussent leurs cloisons, les doublent à l'extérieur d'auvents en bois, et se couchent sur leur parquet de nattes, roulés, s'il fait froid, dans de larges vêtements tenant lieu à la fois de lits et de couvertures.

Le costume des Japonais varie suivant la classe à laquelle ils appartiennent, et ils n'ont pas le droit de le modifier. Dans les classes inférieures, il ressemble parfois à certains costumes de notre moyen âge ; ainsi les coulies, avec les chausses collantes qu'ils portent l'hiver, leur tunique serrée à la ceinture et ornée dans le dos de dessins allégoriques, rappellent d'une curieuse façon les *varlets* du quinzième siècle. Les officiers et les nobles portent plusieurs tenues suivant les circonstances ; mais, en tous cas, ne se séparent jamais, hors de chez eux, des deux sabres passés dans leur ceinture, et qui sont le principal indice de leur rang ; en visite, ils déposent dans l'antichambre leurs sandales et le plus grand des deux sabres. Ils ont la tenue de ville, avec une sorte de surplis en soie dépassant les épaules comme deux ailes ; la tenue de cour aux longs vêtements traînant à terre ; la tenue d'incendie, avec un casque en métal et un voile épais masquant la figure ; l'armure de combat, semblable à celle de nos anciens chevaliers, qu'ils ne revêtent qu'en temps de guerre. Les véritables nobles ont même dans leur garde-robe une tenue de *suicide* en étoffe blanche (la couleur du deuil), celle qu'ils revêteront le jour où, coupables d'une faute qui jette le déshonneur sur eux et leurs proches, ils auront la ressource de les soustraire ainsi qu'eux-mêmes à ce déshonneur en s'ouvrant le ventre en présence de leur famille assemblée[1].

---

1. Cet usage du suicide paraît s'être conservé dans les hautes classes japonaises ; par cette mort volontaire. le noble japonais sauve son honneur aux dépens de sa vie, ou bien il se venge de celui qui l'a offensé. Dans ce second cas, en effet, les proches

A cheval, le yacounine est très-pittoresque avec ses amples vêtements de soie et son chapeau laqué à larges bords ramené sur le front ; la selle et les étriers de sa monture rappellent le harnachement arabe ; un plastron à franges de coton entoure le poitrail, la bride est formée d'une écharpe de la même couleur. Les chevaux ne sont pas ferrés ; pour les longues courses on leur adapte de véritables sandales en paille dont les cordons s'attachent au-dessus du sabot.

La physionomie des Japonais est généralement ouverte et intelligente ; beaucoup, surtout dans les classes supérieures, ont la peau très-blanche, les traits d'une grande finesse et ne présentent même plus la légère obliquité des yeux commune chez le peuple. Les femmes sont beaucoup plus petites que les hommes, mais elles sont généralement bien faites, et l'on remarque parmi elles beaucoup de jolis visages, que fait valoir une forêt de cheveux noirs relevés et disposés d'une façon élégante. La femme est loin d'être, au Japon, réléguée au rang inférieur que lui assignent la plupart des peuples orientaux. Contrairement aux habitudes de ces derniers, elles font les honneurs du logis ; elles circulent également au dehors en grand nombre, sans aucun voile et avec la plus entière liberté [1].

parents du suicidé sont engagés sur l'honneur à exterminer l'auteur de l'offense.

[1]. L'étranger, de même que tout individu, en se promenant à

Les Japonais de toutes les classes se soumettent entre eux aux règles d'une excessive politesse ; c'est peut-être, sous ce rapport, le peuple le plus formaliste de la terre. — Lorsque deux Japonais s'abordent, que ce soient deux nobles ou deux portefaix, ce n'est qu'avec des saluts multipliés et des compliments sans fin, dont la formule est déterminée par un code spécial. — Vis-à-vis des étrangers, cette politesse est froide et réservée de la part des classes supérieures, mais avenante et empressée chez le peuple : il n'ira jamais, cependant, jusqu'à leur témoigner les marques excessives de respect qu'il doit au moindre de ses yacounines. — Au

Yokohama, peut entrer librement dans les établissements de bains, où hommes et femmes, qui en font un usage journalier, se baignent à la mauresque, accroupis sur un plancher légèrement incliné, où coule de l'eau chaude, et à peine séparés les uns des autres par une cloison de quelques pieds de haut. Ce détail, ainsi que quelques autres du même genre, peut paraître singulier à notre pudeur; mais les Japonais, sur ce chapitre, ne s'astreignent pas aux règles en vigueur chez les peuples européens. Il ne faut pas en conclure à une plus grande immoralité du peuple japonais, qui est bien loin, au contraire, de pratiquer les vices honteux si communs en Chine. La prostitution s'exerce au Japon sur une grande échelle, mais en dehors de la famille. Elle est placée sous l'administration directe de la police, et excessivement réglementée : des quartiers complétement isolés sont, dans toutes les villes, affectés aux femmes qui se livrent à ce genre de vie. Elles y ont généralement été envoyées dès leur plus tendre enfance, et la réprobation publique ne paraît pas s'attacher à leur métier. Elles peuvent parfois, au bout de quelques années, abandonner ce mode d'existence pour devenir des épouses fidèles et respectées.

milieu de nos promenades, nous prenions plaisir à nous arrêter dans les villages; les habitants chez qui nous nous présentions s'empressaient de nous faire les honneurs de leur maison, offrant dans de petites tasses le thé qu'ils entretiennent constamment sur leur shibashi, et nous accablant, en échange, de questions curieuses, tout cela avec une cordialité et une bonne humeur qui gagnaient immédiatement notre sympathie. Ces façons d'agir sont aujourd'hui un peu perdues dans les alentours des ports ouverts aux étrangers; on les retrouve dès que l'on s'avance tant soit peu dans l'intérieur.

Une promenade au milieu du quartier indigène de Yokohama conduit rapidement aux limites de la ville, entourée, nous l'avons dit, de canaux et de marais. — De ce côté, des ponts et une longue chaussée la font communiquer avec le pied des collines, garni de faubourgs; la tête des ponts, comme d'ailleurs toutes les portes de la ville, est défendue par des palissades en bois et des postes de yacounines. Les fantassins du taïcoun y montent la garde, l'arme au bras; dans l'intérieur du poste ils s'exercent au maniement du fusil, tandis que les officiers, assis devant leurs pupitres et regardant la voie, prennent note de tout ce qui passe et examinent les permis que doit présenter tout indigène armé pour entrer dans la ville. — Depuis les dernières complications politiques ces postes avaient été renforcés ; on y remarquait même en évidence de petites pièces de canon de bronze montées sur affûts de campagne.

Si le premier contact du peuple japonais éveille les sympathies du voyageur, il est encore plus séduit par le riant aspect du pays. Tout le Japon, le sud principalement, est renommé par la beauté et la fertilité de ses campagnes ; les environs de Yokohama ne démentent pas cette réputation. — Qu'on se figure une succession de collines boisées sur toutes leurs pentes, séparées par des vallées sillonées de cours d'eaux. — Des vertes rizières en occupent le fond, tandis que les champs de céréales et d'autres cultures garnissent les plateaux ; cet ensemble donne au paysage l'aspect d'un parc sans fin. L'arbre dominant est une espèce de pin analogue à notre pin maritime ; il couronne les hauteurs de sa silhouette élégante ; autour de lui croissent les arbres verts, les cryptomerias, les lauriers-camphre, les chênes et d'autres essences au feuillage varié. La campagne est très-peuplée ; les habitations des paysans s'y rencontrent à chaque pas, à demi cachées sous la verdure et très-coquettes sous leur toit de chaume. — On y retrouve la propreté habituelle des Japonais, et le soin qui préside à tout ce qu'ils font : les alentours sont garnis de fleurs et bordés de haies vives soigneusement entretenues. — Le Japon est la patrie du camélia ; il y croît à l'état de nature et y atteint les proportions de l'arbre. Des bosquets de bambous et des palmiers d'une espèce particulière[1] s'élèvent aussi d'ordinaire à l'entour des cases.

Les pagodes sont très-nombreuses dans la campagne ; elles sont bâties en bois comme tous les monuments de ce pays soumis à de fréquents tremblements de terre, mais l'intérieur est orné de curieuses sculptures, où dominent les emblèmes sacrés de la religion : la tortue à queue velue, le dragon, la cigogne, le poisson de mer, la branche de pin. Des lanternes en pyramides ou des animaux fantastiques sculptés en pierre sont disposés symétriquement en avant de l'entrée ; dans les temples bouddhistes, on entrevoit la statue dorée de la divinité et de ses satellites au fond de l'édifice, dans un demi-jour mystérieux. Ces pagodes sont généralement entourées de grands arbres et placées dans une situation pittoresque ; elles s'élèvent parfois au sommet d'une colline et l'on y arrive alors par de beaux escaliers en pierre. Le promeneur qui en gravit les marches et vient s'asseoir sous la vérandah du temple peut jouir du panorama de cette admirable campagne. Par-dessus les bois et les vallées, il aperçoit d'un côté les eaux bleues du golfe de

---

1. Le *chamarops excelsa* de Chine.

Yedo, couvertes de centaines de barques pêchant sous voiles, de l'autre la chaîne des hautes montagnes de l'île Nipon[1] se dessinant à l'horizon comme un nuage; plus loin encore, le pic neigeux du *Foudsiyama*, dressant à trois mille mètres son cratère éteint depuis des années : c'est le point culminant du pays et la superstition japonaise en a fait le théâtre de nombreuses légendes. Il y a enfin, dans cette nature, un charme qui séduit le voyageur et reste empreint dans ses souvenirs. Cela tient peut-être à la latitude méridionale du pays et à la beauté de son climat : le peintre y retrouve à la fois une fraîche verdure, des aspects pittoresques et une puissante lumière; c'est, en un mot, le riant aspect des plus belles campagnes de notre France, avec le ciel bleu de la Sicile et la transparence de ses horizons.

En sortant de Yokohama par le quartier indigène, au nord, on trouve, au delà des ponts, la route de Kanagawa qui conduit sur la colline habitée par les gouverneurs. Ces derniers, ayant à la fois les deux villes sous leur juridiction, sont en quelque sorte campés sur le chemin qui les réunit. Leur habitation se compose de nombreux corps de logis en bois sans étages; à l'intérieur même simplicité ; ce

---

1. La principale île du Japon, celle où se trouvent les deux capitales, Yedo et Miako.

sont de longs couloirs, des appartements tapissés de nattes d'une extrême propreté, sans meubles ni tentures; des officiers y sont constamment de garde. Tout le haut de la colline faisant face à la rade est garni de campements occupés par les troupes et entourés de hautes palissades qui empêchent de bien en apprécier l'importance. Ils y ont en permanence de l'infanterie et de l'artillerie de campagne. Sans pouvoir préciser le chiffre de ces troupes, nous pûmes évaluer que quelques mille hommes tiendraient à l'aise dans ces campements.

Les collines au sud de Yokohama, près du quartier européen, n'étaient occupées que par quelques postes peu nombreux. En cas d'hostilités sur les lieux mêmes, la colline des gouverneurs, d'où l'on commandait la ville et la plaine en arrière, pouvait être balayée par l'artillerie des navires en rade. Ceux-ci n'avaient pas à combattre de batteries de côte, la seule existant sur la rade étant située sur la rive nord devant Kanagawa. Cette batterie, qui ne pouvait atteindre avec ses canons le mouillage des navires de guerre, n'eût pas été à l'abri de l'artillerie à longue portée de quelques-uns de ces derniers, et en particulier des pièces rayées de nos bâtiments.

C'est ainsi qu'en examinant cet intéressant pays, et cherchant à étudier les divers aspects de sa curieuse civilisation, nous attendîmes le retour du gouverneur Takemoto. Ce fonctionnaire avait annoncé officiellement, le 9 mai, son départ pour Miako. Au Japon, les communications sont difficiles ; les nobles voyagent habituellement en norimon et le trajet entre les deux capitales exige plusieurs jours. Nous attendions donc qu'il eût eu le temps d'accomplir auprès du taïcoun l'importante mission dont il était chargé. Le 24 mai, Takemoto annonça son retour à Yedo et demanda une entrevue. Elle eut lieu, le 25, à la légation britannique de Yokohama ; les ministres d'Angleterre et de France et les deux amiraux y assistèrent.

Le langage des diplomates japonais est empreint du même caractère de temporisation et de duplicité que revêt leur politique. Éludant toute question catégorique, profitant des occasions de retraite que rendent faciles la différence des langues et les lenteurs de la traduction, ils se gardent bien d'opposer jamais un refus ; d'autre part, s'ils parviennent à saisir chez la partie adverse quelques mots touchant une concession ou des dispositions à la laisser échapper, ils se précipitent sur ce terrain et s'y maintiennent avec persistance. Cette manière de procéder de leur part rend les conférences longues, pénibles et généralement peu concluantes. Cette fois, au bout de quelques heures, les allégations diffuses du gouverneur pouvaient se résumer ainsi qu'il suit :

Premièrement, en réponse à la proposition d'appui matériel faite par les représentants de France et d'Angleterre, le gouvernement du taïcoun, désireux de maintenir ses relations avec les étrangers, faisait son possible pour calmer les esprits, mais il n'était pas encore poussé à faire la guerre aux séditieux. Le parti qui entourait le mikado et influençait ses résolutions était représenté par des troupes de lônines, de gens malintentionnés proférant des menaces, et le taïcoun ne connaissait pas encore les daïmios en révolte contre lui et auxquels il pourrait être amené à faire la guerre.

En second lieu, c'est-à-dire en ce qui concernait les demandes de l'Angleterre, la majorité du gouvernement de Yedo, notamment le prince Owari, actuellement chargé de remplacer le taïcoun, avait décidé le payement de l'indemnité; mais le règlement de cette affaire n'était possible qu'après le retour du taïcoun à Yedo; jusque-là, l'exécution d'une mesure semblable offrirait les plus grands dangers, soit pour les fonctionnaires du taïcoun; soit pour les étrangers. Ceux-ci pouvaient être attaqués par des fanatiques, et, à Yedo, les agents du parti hostile, profitant de l'absence du chef du gouvernement, chercheraient à le renverser au profit d'un prince déterminé à l'expulsion des étrangers. Interrogé sur l'époque du retour du taïcoun, Takemoto répondit que ce dernier avait résolu de quitter Miako, que les daïmios de Yedo allaient lui adresser un message pour le prier de venir immédiatement, mais que les lônines réunis autour du mikado influençaient les officiers de ce dernier, et s'opposaient de la sorte au départ du taïcoun.

Ainsi donc, le lendemain du jour où il se présentait comme entraîné par le soulèvement des partis à des mesures extrêmes, à la négation complète des traités, le gouvernement japonais, mis en demeure de s'expliquer avec franchise, attribuait à quelques factieux les embarras du moment et nous assurait que la paix intérieure n'avait pas encore été troublée. C'était un grand point d'obtenu, et la conduite future du gouvernement, relativement à l'exécution de ses engagements, devenait d'une appréciation plus facile ; la responsabilité de ses actes lui restait désormais tout entière. En ce qui concernait l'indemnité Richardson, les réponses de Takemoto équivalaient à un ajournement indéfini ; toutefois le gouvernement proposa d'en exécuter clandestinement le payement, par exemple en cessant de percevoir les droits de douane pendant un temps suffisant. Au moment où les autorités françaises se retiraient d'un débat désormais sans objet pour elles, le colonel Neale accepta cette proposition et promit, en cas de payement prochain, le secret vis-à-vis du public. Accordée dans le but de hâter la solution des difficultés, cette concession avait un côté fâcheux : le gouvernement de Yedo allait pouvoir proclamer partout qu'il avait repoussé les demandes de l'Angleterre, et que celle-ci n'avait pas osé employer la force. Le représentant britannique, préoccupé d'un but unique, la satisfaction des demandes de son gouvernement, adoptait donc une solution qui, laissant impunis aux yeux de la nation japonaise les récents attentats contre les étrangers, pouvait compromettre encore davantage la sécurité de ces derniers. Qu'importait, dès lors, le payement de quelques mille livres ? La conférence se termina sur cet incident et Takemoto repartit pour Yedo, promettant de veiller, de son côté, à l'exécution de ses promesses.

Pendant ce temps le gouvernement japonais poursuivait patiemment son œuvre. Nous avons vu plus haut que le ministre des États-Unis avait conservé seul de tous ses collègues, sa résidence à Yedo, continuant son rôle de protecteur et ami des Japonais, et cherchant à prouver, par cette attitude, la conservation de son influence. Dans les derniers jours de mai, la légation américaine était détruite par un incendie. Le général Pruyn, essayant en vain de lutter contre l'obstination japonaise, s'était réfugié dans un petit temple voisin, et cherchait à s'y maintenir en dépit des craintes manifestées par les autorités au sujet de sa sécurité personnelle. Une nuit, le 1ᵉʳ juin, il fut entouré, presque enlevé de force par les yacounines, et, sous prétexte d'un danger immédiat, mis à bord d'un navire japonais qui vint le déposer en rade de Yokohama[1]. De ce jour, il ne restait plus un seul étranger dans l'enceinte de Yedo. Le gouvernement japonais dut s'applaudir d'un résultat auquel il avait consacré trois années de patience et de ruses, et ses efforts se concentrèrent avec d'autant plus d'énergie sur Yoko-hama. A plusieurs reprises, les gouvernements avaient manifesté l'intention de faire occuper la concession européenne par leurs propres troupes, en alléguant pour cela leurs motifs ordinaires : ces offres ayant été formellement déclinées par les amiraux, ils se bornèrent à garder plus étroitement les issues de la ville.

Sur ces entrefaites, le colonel Neale fut informé par écrit qu'un premier payement des indemnités allait avoir lieu le 18 juin. Chacun s'applaudit d'une solution qui calmait toutes les craintes et éloignait la guerre ; le secret de l'opération consenti par le colonel Neale n'était même plus gardé.

Le 18 et le 19 se passèrent toutefois sans que la promesse du Gorogio eût reçu le moindre commencement d'exécution.

---

1. Un envoyé de la Confédération suisse, M. Humbert, venu à Yedo pour négocier un traité, et profitant de l'hospitalité du mi-

Le 20 juin, le chargé d'affaires d'Angleterre informa ses collègues que, devant cette dernière et flagrante violation d'engagements solennels, il rompait toutes relations diplomatiques avec le gouvernement japonais. La patience et la modération dont il avait fait preuve depuis deux mois, en vue de tenter tous les moyens de conciliation possibles étaient à bout ; il remettait donc la solution du différend entre les mains du commandant en chef des forces britanniques.

Le jour suivant, l'amiral Kuper déclara qu'il ne commencerait les hostilités qu'au bout de huit jours, sauf le cas d'un mouvement agressif des Japonais. Prévoyant qu'il allait être amené à quitter la rade, il informait de nouveau les résidents anglais de son impossibilité de défendre la ville contre

nistre américain, dut également quitter Yedo à la suite de l'incendie.

M. Fisher, consul d'Amérique, avait jusqu'alors, à l'exemple de son ministre, maintenu, seul de tous les consuls, son pavillon à Kanagawa ; il rentra le 2 juin à Yokohama sous la menace des dangers que présentait pour lui et sa famille le voisinage du Tokaïdo.

À la liste des représentants étrangers présents à Yokohama à cette époque, nous devons ajouter M. Clarke, consul du Portugal, dont le gouvernement avait obtenu un traité de commerce, et M. de Rechtus, consul général de Prusse à Shang-haï, en mission extraordinaire au Japon. Ce dernier attendait des circonstances plus favorables pour se rendre à Yedo et y faire ratifier un traité négocié précédemment sur les bases communes à toutes les puissances.

une attaque venant de l'intérieur : il les engageait donc à profiter de ce délai pour mettre en sûreté leurs biens et leurs personnes, et notamment les femmes et les enfants. Les résidents anglais et autres se tinrent prêts à partir au premier signal et firent embarquer à bord de leurs navires en rade leurs objets les plus précieux. La ville était donc à la veille d'être évacuée, et il était probable que les Japonais, nécessairement informés de cet état de choses, allaient s'enhardir dans leur résistance et chercher par quelque démonstration, peut-être même par des voies de fait, à précipiter l'abandon de la ville[1].

En ces circonstances, l'amiral Jaurès, profitant de la position acquise à la France par la récente intervention de son ministre dans le différend, déclara officiellement son intention de rester à Yokohama, et d'y protéger les résidents de toutes nations avec les forces dont il disposait. Tout en priant le ministre de France de porter cette décision à la

1. A Nagasaki, où les étrangers sont peu nombreux, il régnait, pendant tous ces événements, la même alarme qu'à Yokohama. Il s'y trouvait en rade deux navires anglais et un navire russe dont le commandant, en ces circonstances, se rapprocha de ses collègues. La seule mesure à prendre en cas d'attaque était l'embarquement immédiat de la population européenne. Malgré de sinistres avertissements et la concentration de troupes qui se faisait aux environs, les autorités consulaires, par une attitude ferme et calme, empêchèrent à plusieurs reprises l'évacuation précipitée de la ville par leurs nationaux.

connaissance de ses collègues, il en informa les gouverneurs de Yokohama. Cette déclaration pouvait, au premier abord, paraître engager le drapeau de la France dans une entreprise téméraire, et où elle n'avait pas le principal intérêt ; mais, sans chercher dans le résultat la justification des moyens, il est facile de voir que cette ligne de conduite de nos autorités était la meilleure à suivre. Avec bien peu de chances d'amener une collision, elle empêchait l'évacuation précipitée de Yokohama, évacuation qui nécessiterait tôt ou tard un retour offensif des nations étrangères. En tout cas, l'effet de cette déclaration fut immédiat. Les consuls, et notamment celui d'Angleterre, firent témoigner à l'amiral combien leurs nationaux avaient accueilli cette nouvelle avec joie. D'autre part les Japonais durent renoncer à l'espoir qu'ils nourrissaient évidemment, en prolongeant cet état précaire, de voir la ville abandonnée volontairement par toutes les puissances ; ébranlés dans leurs idées de résistance, mais ne pouvant renouer de relations avec le représentant de l'Angleterre, ils s'empressèrent de venir trouver les autorités françaises.

Dans une première entrevue, le 20 juin, à la légation de France, entre M. Duchesne de Bellecourt, l'amiral Jaurès et les gouverneurs de Yokohama, ceux-ci cherchèrent à sonder le terrain et à s'assurer des dispositions hostiles des Anglais. Reprenant

leur thème habituel, ils attribuèrent le non-paye-
ment de l'indemnité au désaccord des membres du
Gorogio, et à leur conviction que ce payement ne
ramènerait nullement la sécurité pour les étrangers. Se reconnaissant, pour la première fois, engagés à veiller à la sûreté de la ville et des résidents des nations en paix avec le Japon, ils promirent
de s'entendre avec l'amiral français pour leur défense, et de lui demander son concours en cas d'in-
suffisance de leurs propres forces contre celles des
Iônines et des daïmios qui pourraient se joindre à
eux. Ils espéraient, ajoutèrent-ils, que les hostilités
avec l'Angleterre n'éclateraient pas à Yokohama ni
même à Yedo ; la présence des navires de guerre
devant Osaka aurait peut-être un meilleur effet.
L'amiral Jaurès leur répondit que, lors même que
le conflit n'aurait pas lieu dans la baie de Yokohama,
le gouvernement japonais, en manquant à sa promesse récente et formelle, faisait à l'Angleterre une
véritable déclaration de guerre et courait à sa perte.
Il ajouta qu'en cessant de protéger les sujets des
autres puissances, ce gouvernement pouvait amener
celles-ci à lui faire la guerre à leur tour. Le soin de
l'intérêt commun l'obligeait donc d'aviser immédiatement à la défense de la ville, et il était bien décidé à ne la laisser envahir sous aucun prétexte par
les troupes japonaises. La conférence fut reprise le
lendemain à bord de *la Sémiramis*. Diverses me-

sures furent proposées de part et d'autre pour la protection de la concession étrangère. Il fut spécifié que les troupes indigènes resteraient constamment en dehors de cette concession, et que la garde en serait confiée exclusivement à des troupes européennes. L'un des gouverneurs promit d'aller immédiatement à Yedo donner connaissance de ces mutuelles dispositions, et, sur la demande du ministre et de l'amiral, faire notifier officiellement par le Gorogio que la protection de la ville était confiée au commandant en chef des forces françaises. Ils se retirèrent en demandant s'il n'était pas trop tard pour éviter les hostilités, et si un payement immédiat de l'indemnité ne pourrait pas encore les prévenir.

L'amiral Kuper, informé par l'amiral Jaurès de ces hésitations, dut néanmoins se disposer à user des pouvoirs que le colonel Neale lui avait remis. La première mesure coercitive qui s'offrait à l'esprit était la saisie des navires du taïcoun actuellement mouillés dans le golfe de Yedo. Le 23 juin, la corvette anglaise *la Pearl* et une canonnière allèrent croiser en vue des forts de la ville et se poster en observation sur le chenal conduisant au fond de la baie. Vers cinq heures du soir, la canonnière revint, escortant à petite distance un vapeur japonais; ce dernier était sorti de Yedo peu après l'apparition des navires anglais. Ils mouillèrent tous les deux sur la rade.

Le bruit se répandit bientôt dans Yokohama que les Japonais, adoptant définitivement le parti de la raison, allaient proposer le payement immédiat de l'indemnité dont le montant était réuni depuis plusieurs jours dans les bureaux de la douane; l'ordre de payer venait seulement d'être notifié aux gouverneurs. En effet, vers minuit, ces derniers se présentaient à la légation de France, demandant une audience du ministre pour une communication des plus urgentes : « Le Gorogio, lui dirent-ils, appréciant vos conseils et ceux de l'amiral français, s'est décidé à payer les Anglais. Nous avons à la douane les fonds nécessaires; mais comme nous ne pouvons ni ne désirons avoir de relations avec les autorités anglaises après nos derniers différends, nous vous proposons d'apporter à votre légation le montant de l'indemnité; de cette façon tout sera fini, s'il n'est pas trop tard pour que le ministre d'Angleterre puisse encore accepter le payement. » M. de Bellecourt fit comprendre aux gouverneurs qu'il ne pouvait, en ce qui concernait le payement, servir d'intermédiaire entre eux et les Anglais; mais il leur offrait d'intercéder auprès du colonel Neale et de lui donner avis de leur résolution nouvelle, si, cette fois, elle était bien arrêtée. Ainsi fut fait; une heure après, le chargé des affaires d'Angleterre informa les gouverneurs qu'il consentirait encore à renouer des relations, à une dernière condition : le payement immédiat et intégral de l'indemnité demandée pour le meurtre de Richardson, et des dix mille livres réclamées en vain depuis un an pour l'assassinat des deux sentinelles anglaises à la légation de Yedo. Le délai fixé expirait à sept heures.

Le matin, à l'aube, un convoi de charrettes à bras, escorté d'officiers japonais, sortit de la douane et se dirigea vers la légation britannique. Les Japonais, cette fois, s'exécutaient sans restriction, et apportaient les cent dix mille livres en bonnes piastres mexicaines.

Ainsi se termina pacifiquement, après deux mois de pourparlers et d'alternatives, ce premier incident de l'affaire Richardson. Au bout de quelques jours la confiance était complétement revenue et le commerce reprenait comme par le passé. — Il ne fallait pas toutefois, sous l'impression de l'heureuse solution des premières difficultés, s'endormir dans une sécurité trop grande. Nous ignorions l'effet qu'avait produit dans le pays la résolution du gouvernement de Yedo, mais l'irritation du parti hostile avait dû s'en accroître, et l'on pouvait s'attendre, sinon à une attaque ouverte, du moins à des agressions par surprise. L'amiral Jaurès s'occupa donc activement de pourvoir à la sécurité du quartier étranger de Yokohama. Il fut d'abord décidé, avec les autorités japonaises, que les commandants en chef des forces françaises et anglaises seraient, au même titre, officiellement chargés par le gouvernement de Yedo de la protection de la ville de Yokohama : en outre, ils se concerteraient, dans le même but, avec les commandants des navires appartenant à d'autres nations actuellement sur rade, au cas où ces derniers voudraient y concourir. A la requête de l'amiral Jaurès, le Gorogio lui adressa dans les premiers jours de juillet, ainsi qu'à l'amiral Kuper, une lettre qui lui reconnaissait en termes précis les dits pouvoirs. De cette façon, la situation se présenta sous un aspect qu'elle n'eût jamais dû quitter, la communauté de vue et d'action de toutes les puissances ayant des traités avec le Japon, sinon pour le règlement des difficultés particulières à l'une d'elles, au moins pour la satisfaction des droits et des intérêts communs.

Quelques jours avant l'arrivée de la lettre du Gorogio, de nouvelles conférences, tenues à bord de *la Sémiramis*, avaient déjà réglé les détails de la garde militaire de la place. Les troupes indigènes restèrent complétement en dehors des concessions. Elles s'établirent dans de nombreux postes dominant les vallées aboutissant à Yokohama, et qui, sans menacer la ville même par leur position, en surveillaient les approches du côté de la campagne.

Le chef d'état-major de notre division navale s'était d'ailleurs rendu sur le terrain, accompagné du commandant des troupes indigènes, pour désigner leur emplacement. Au moment le plus critique des récents événements, l'amiral Jaurès, en déclarant prendre en main la défense de Yokohama, avait appelé de Shang-haï la corvette *le Monge* et 250 hommes du 3ᵉ bataillon d'Afrique [1]. Ces troupes, arrivées dans les premiers jours de juillet, alors que leur présence était moins urgente, permirent cependant d'établir autour des quartiers étrangers un système régulier de surveillance et de rondes de nuit auquel concoururent le contingent débarqué par la division anglaise, et de petits détachements que mirent ensuite à terre les navires de guerre hollandais et américains présents sur rade. M. Layrle, chef d'état-major de l'amiral Jaurès, fut chargé de la direction de la défense en ce qui concernait la

1. A peu près à la même époque, le vice-amiral Kuper, prévoyant qu'il pourrait avoir besoin de troupes de débarquement, avait demandé au gouverneur de Hong-Kong et au commandant de la garnison anglaise de Shang-haï de mettre à sa disposition un ou deux régiments d'infanterie. Cette demande était une simple prière, motivée par la gravité imprévue des événements; car, à moins d'ordres précis de la métropole, les forces anglaises de terre n'ont aucune communauté d'action avec les forces de mer dans les mêmes parages. Les autorités militaires de Hong-kong et de Shang-haï ne crurent pas les circonstances assez impérieuses pour qu'il y eût lieu de déroger à la règle, et la demande de l'amiral fut rejetée.

France; le capitaine de vaisseau Dew, de la corvette *l'Encounter*, eut le commandement du contingent anglais.

Au sud de Yokohama, les collines se rapprochent complétement du quartier étranger, dont elles ne sont séparées que par la largeur du canal. L'une d'elles, s'élevant au bord de la mer, et faisant vis-à-vis, par conséquent, à la colline des gouverneurs, fut mise par ces derniers à la disposition de la marine française. Il y fut établi un détachement de fusiliers marins. Le poste, construit par les soins des autorités japonaises, fut entouré d'une palissade et un mât de pavillon fut dressé à côté. De ce point, dominant la rade, la ville et la vallée en arrière, l'on pouvait exercer une surveillance active et donner l'alarme. En cas d'attaque nocturne, le seul genre d'attaque qui parût probable, les troupes à terre devaient, à des signaux déterminés, se masser sur certains points, et les navires envoyer en toute hâte des embarcations et des renforts. De la sorte on pourrait repousser les assaillants, ou bien, la défense de la ville devenant impossible, donner à ses habitants le temps de se réfugier à bord des bâtiments de guerre.

En résumé toutes ces dispositions de résistance, motivées par l'obscurité de la conduite du gouvernement local et par ses propres avertissements, avaient immédiatement un résultat incontestable, elles prouvaient aux Japonais de tous les partis une resolution bien arrêtée de ne pas abandonner la ville et de s'opposer par la force des armes à toute tentative d'agression. En même temps le concours de plusieurs nations à cette occupation militaire éloignait toute crainte d'un accaparement au profit exclusif de l'une d'elles.

Le gouvernement de Yedo, de son côté, avait concouru d'assez bonne grâce à l'exécution de toutes ces mesures. Cependant, au lendemain même du payement de l'indemnité Richardson, il s'était produit un curieux incident, qui avait paru tout d'abord un audacieux défi, mais qui n'était, sans doute, qu'une satisfaction à l'opinion publique ou un semblant d'exécution d'ordres venus de Miako. Un vice-ministre du taïcoun, celui même qui avait apporté de Yedo aux gouverneurs l'ordre définitif de payer, avait adressé le lendemain à tous les représentants étrangers la lettre suivante :

« J'ai l'honneur de communiquer à Votre Excellence, par la présente, que j'ai été nommé avec pleins pouvoirs pour traiter au sujet de ce qui suit :

« J'ai reçu l'ordre de Sa Majesté le taïcoun, lequel en a reçu l'ordre lui-même du Mikado, de fermer les ports ouverts et d'éloigner les étrangers sujets des puissances ayant conclu des traités, attendu que notre peuple ne veut avoir aucune relation avec eux ; ainsi on traitera plus tard avec Votre Excellence à ce sujet.

« Présenté avec respect et considération, le neuvième

jour du cinquième mois de la troisième année de Bonkiou (24 juin 1863).

Signé : ONGASAWARA-DZOUSIOU-NO-KAMI. »

Les gouverneurs, au même moment, venaient expliquer que le taïcoun avait dû donner cet ordre pour obéir au Mikado le souverain suprême ; qu'il était en ce moment gêné par ses ennemis à Kioto, et qu'il n'avait encore pu rallier le Mikado à sa politique. En attendant, l'ordre d'expulsion ne serait pas exécuté. — Le ministre de France et ses collègues, ne sachant encore s'ils devaient prendre au sérieux ou non une notification aussi insensée, y firent les réponses qu'elle méritait, et déclarèrent remettre le soin de l'exécution des traités entre les mains des commandants en chef des forces étrangères.

A peu de temps de là, un membre du second conseil de Yedo, chef d'une famille de Gonfoudaï, le prince Sakaï-Hida-no-Kami vint demander à entretenir l'amiral français de matières importantes. Le 1er juillet, il arriva avec sa suite à bord de *la Sémiramis* où s'était rendu de son côté M. de Bellecourt. Poussé tout d'abord à s'expliquer au sujet de l'ordre d'expulsion, il répéta la déclaration des gouverneurs : « C'est la première fois, ajoutait-il, que le Mikado, trompé sur le compte des étrangers, a donné un ordre injuste ; le Taïcoun l'a transmis, et le gouvernement de Yedo a dû le notifier à son tour, mais l'un et l'autre savent qu'il n'est pas exécutable. Aujourd'hui notre intention est d'aller en grand nombre à Miako où le taïcoun est encore, entouré d'ennemis qui cherchent à le détrôner pour se faire nommer à sa place. Nous voulons lui rendre la liberté, ce qui lui permettra de justifier ses actes et de faire revenir le mikado sur sa détermination. » Le daïmio concluait par une bizarre requête. Il demandait à l'amiral un ou plusieurs de ses navires de guerre pour l'aider à transporter, *sous pavillon japonais*, les troupes qu'il était nécessaire d'envoyer le plus tôt possible à Osaka. Les vapeurs du taïcoun étaient tous, à l'exception d'un seul, employés à diverses missions ou hors d'état de prendre la mer. Cette proposition fut, comme on le pense bien, immédiatement repoussée, un pavillon étranger ne pouvant jamais, sur un navire de guerre, se substituer aux couleurs nationales. Une autre combinaison s'offrait. Les amiraux pouvaient prêter au taïcoun l'appui demandé et paraître avec leur pavillon devant Osaka où, par la même occasion, ils déposeraient les troupes japonaises. Le daïmio parut ne vouloir à aucun prix un concours aussi manifeste : « Cette fois encore, assurait-il, le gouvernement de Yedo allait tenter, à lui seul, le rétablissement de l'ordre au Japon ; il espérait y réussir sans employer la force. Dans le cas où la présente entreprise échouerait, il se déciderait enfin à accepter le concours qui lui était si franchement offert. »

Le lendemain, Sakaï vint de nouveau à bord de *la Sémiramis*, où s'étaient rendues, cette fois, les autorités anglaises. Les mêmes sujets furent traités; puis on insista sur le maintien de la tranquillité à Yokohama. Pour donner une solution à la demande du vice-ministre, on l'autorisa à noliser, pour le transport de ses troupes à Osaka, des vapeurs de commerce anglais qui se trouvaient à ce moment sur rade.

Un dernier incident fut soulevé à la fin de la séance. Les récents courriers de Nagasaki avaient signalé la persistance des alarmes de la population étrangère. De nombreuses troupes campaient sur les hauteurs qui dominent la ville, et, à certains moments, les hommes à sabres encombraient les rues. On insista auprès du vice-ministre pour la suppression de ces mesures qui n'avaient plus de raison d'être depuis le rétablissement des bonnes relations avec le gouvernement anglais. Sakaï consentit à écrire immédiatement au gouverneur de la ville. *Le Kien-chan*, petit aviso à roues de notre division, était en partance pour la Chine. La lettre du vice-ministre fut donnée au capitaine de l'aviso, qui appareilla aussitôt pour sa destination avec l'ordre de passer par la mer Intérieure et de faire escale au port de Nagasaki; il devait y porter les nouvelles pacifiques de Yokohama et faire parvenir la missive en question aux gouverneurs.

Le 9 juillet et les jours suivants, un grand mouvement de troupes japonaises se fit aux environs de Yokohama. Les vapeurs de commerce indiqués au vice-ministre avaient été nolisés par ses soins. Ils arborèrent le pavillon du Taïcoun [1] et prirent à bord de nombreux officiers et des détachements d'infanterie régulière. Nous vîmes défiler ces derniers dans les embarcations, avec leurs tuniques blanches, leurs chapeaux de laque noire en forme de toit, portant le sac en bandoulière. Les transports appareillèrent successivement et prirent la route du large.

Était-ce simplement une démonstration du gouvernement de Yédo, cherchant à raffermir la suprématie du Taïcoun un moment compromise, ou bien la guerre civile avait-elle commencé au Japon?

[1] Pavillon blanc portant au milieu une boule rouge; c'est l'emblème du soleil levant.

CHAPITRE IV.

Au sud de l'île Nipon, la principale terre de l'Empire japonais, les deux îles de Kiousiou et de Sikok comprennent entre elles et les deux pointes méridionales de la première une véritable *mer intérieure*, dans laquelle on pénètre de la sorte par trois ouvertures. Un navire qui viendrait de la baie de Yédo arrive, après avoir longé la côte sud de Nipon, au canal de Kii, entrée orientale de cette mer; continuant sa route vers l'ouest, il parcourt une centaine de lieues dans ces eaux abritées des tempêtes ; puis, franchissant la sortie occidentale, il débouche dans la mer de Chine, vis-à-vis de la Corée, par le détroit de Simonoseki. Au lieu de s'engager dans le détroit, il peut tourner au sud et sortir de la mer Intérieure en passant, entre les deux îles de Sikok et de Kiousiou, par le canal de Boungo.

La première route est bien connue des vapeurs de commerce se rendant de Shanghaï à Yokohama, ou faisant le voyage de retour ; pour ceux qui font escale à Nagasaki, elle est de beaucoup la plus courte, et le calme habituel des eaux de cette mer, la hauteur des montagnes qui l'entourent assurent une navigation paisible pendant cette partie de la traversée.

Un grand nombre de Daïmios ont leurs provinces et leur résidence sur les bords de la mer Intérieure et sur les nombreuses îles moins importantes qu'elle renferme ; ce sont les parties les plus riches et les plus peuplées de l'Empire. Au fond d'une baie, non loin de l'entrée orientale ou de Kii, s'élève la ville Taïcounale d'Osaka, le grand centre commercial du Japon, que les traités doivent ouvrir aux étrangers le 1er janvier 1867. A la sortie occidentale, étroite et dominée par des terres élevées, l'ancienne ville de Simonoseki, sur la rive de l'île Nipon, donne son nom au détroit.

Jusqu'à l'époque où ce récit est parvenu, les navires de guerre ou de commerce parcourant journellement cette route avaient pu remarquer de nombreux ouvrages de fortification construits sur différents points, notamment dans les passes et à l'approche des villes; jusqu'alors, toutefois, aucun acte hostile n'avait succédé à cette attitude armée, et l'on pouvait croire que les Japonais, à l'exemple de toute nation maritime, songeaient simplement à mettre leurs côtes en état de défense. La nature de la navigation obligeant à mouiller à l'approche de la nuit, les équipages en profitaient pour aller chercher des vivres à terre et y étaient généralement bien reçus par les habitants.

Pendant une récente navigation de la corvette française *le Dupleix* dans ces parages, les officiers avaient trouvé le même accueil dans leurs courtes relâches, sauf en une seule circonstance. Mouillant un soir devant Simonoseki, ils avaient aperçu des embarcations montées par des officiers japonais se diriger immédiatement vers le bord; elles avaient formé autour du navire un cordon sanitaire, éloigné brutalement les jonques de marchands qui étaient déjà accourues, et, en un mot, paru décidées à empêcher toute communication. *Le Dupleix* appareilla le lendemain au petit jour. Cette attitude des autorités de Simonoseki n'étonna personne; on savait que la ville appartenait au prince de Nagato, le daïmio *Matsédaïra-Daïdsen-no-Daïbou*, chef d'une des premières familles de Koksis et déjà connu pour diriger, conjointement avec le prince de Satzouma, le mouvement de la noblesse contre les étrangers. L'incident, sans importance d'ailleurs, ne fut pas remarqué. Il ne devait pas en être de même, à quelques jours de là, d'un événement plus grave.

Le 25 juin 1863, l'aviso à vapeur *le Pembroke*, de la marine marchande américaine, se rendant de Yokohama en Chine par la mer Intérieure, arrivait, vers trois heures du soir, vis-à-vis de l'entrée intérieure du détroit de Simonoseki : il mouilla devant la petite ville de Tanaoura sur la côte sud du détroit et hissa ses couleurs. Deux heures plus tard, un navire de construction européenne, battant pavillon japonais, vint jeter l'ancre à deux encablures plus loin ; à ce moment un coup de canon fut tiré sur les collines à quatre milles au nord et répété sur d'autres points de la côte. La nuit survint, tout paraissant parfaitement tranquille.

A une heure du matin, le navire japonais, qui s'était un peu rapproché en virant sur sa chaîne, ouvrit subitement le feu de son artillerie sur *le Pembroke* ; la nuit, par bonheur, était très-sombre et dissimulait la position de ce dernier ; le capitaine fit immédiatement pousser les feux et mit l'équipage à lever l'ancre. Un moment après, un brick reconnu pour être *le Lanrick*, appartenant au prince de Nagato, passa à quarante mètres du *Pembroke*, alla mouiller près du bâtiment japonais et ouvrit le feu à son tour. Fort heureusement *le Pembroke* avait, pendant ce temps, terminé son appareillage. Il rétrograda en toute hâte et prit la route du canal de Boungo, poursuivi par les derniers boulets des deux navires, dont un seul avait coupé une de ses manœuvres.

A l'arrivée du *Pembroke* à Shanghaï, cette nouvelle causa le plus grand émoi dans la ville; elle nous parvint à Yokohama le 10 juillet. La corvette américaine *le Wyoming* quitta le lendemain la rade dans le but d'aller châtier les auteurs de cet inqualifiable attentat. L'aviso français *le Kien-chan*, parti le 2 juillet, ainsi que nous l'avons vu plus haut, avait dû prendre la même voie que *le Pembroke* et se présenter dans le détroit peu de jours après; nous pensâmes, toutefois, que les navires croisant dans ces parages n'auraient pas osé s'attaquer à un bâtiment de guerre.

Cet espoir fut trompé; le paquebot *l'Hellespont*, arrivant le 15 à Yokohama, nous apporta de Nagasaki la nouvelle suivante : *le Kien-chan*, se présentant le 8 au matin dans le détroit de Simonoseki, avait été attaqué par le feu des batteries de la rive nord, appartenant au prince de Nagato, et celui de deux de ses navires. Il avait échappé à grand'peine à cette furieuse attaque, et sorti du détroit, avait

continué sa route sur Nagasaki. M. Lafon, son capitaine, rencontrant dans les passes de cette rade la
corvette hollandaise *la Méduse*, en route pour Yokohama, lui avait confié son rapport détaillé sur
l'événement. Ayant donc la certitude que la nouvelle en serait transmise au commandant en chef
par une voie prompte et certaine, il avait remis aux
gouverneurs de Nagasaki la lettre du Daïmio Sakaï,
et, aussitôt après, continué sa route vers la Chine.

Il était donc bien établi qu'un des grands Daïmios, l'un de ces princes à demi indépendants du
Japon avait, au mépris de la paix, assailli par surprise un navire portant le pavillon français. Aussi
bien que pour *le Pembroke*, le fait exigeait une répression sévère; cette fois le cas était même plus
grave, un bâtiment de guerre représentant directement la nation dont il porte les couleurs. L'amiral
Jaurès prit immédiatement le parti d'aller infliger,
sur les lieux mêmes, une punition exemplaire au
seigneur de Simonoseki. Quelques heures après
l'arrivée de la nouvelle, l'aviso *le Tancrède* reçut
l'ordre d'appareiller, et prit la route du large. *La
Sémiramis*, avec laquelle il avait rendez-vous dans le
canal de Boungo, devait, dans la même journée, se
disposer au départ. Songeant à opérer contre les
batteries ou les navires du prince de Nagato, suivant
les localités et les circonstances, l'amiral garda son
pavillon sur *la Sémiramis*, qui devait être, avec sa

puissante artillerie, le principal moyen d'action; *le Tancrède* devait servir d'avant-garde et de bâtiment sondeur dans les passes peu profondes de la mer Intérieure. Une compagnie du 3ᵉ bataillon d'Afrique fut embarquée sur la frégate.

L'amiral informa de sa décision M. de Bellecourt, qui se chargea de notifier au Gorogio cette agression inqualifiable, et de le prévenir qu'en attendant les démarches à faire ultérieurement pour le retour de pareils actes, le commandant des forces françaises allait en tirer une vengeance immédiate.

Les deux corvettes *le Monge* et *le Dupleix* restaient sur la rade de Yokohama, pour veiller à la sécurité de la ville. L'amiral Kuper, tout en se disposant à se transporter avec son escadre à Kagosima en vertu des décisions précédemment signifiées au gouvernement japonais, ne songeait pas encore à appareiller. Il promit d'attendre le retour de *la Sémiramis* avant de quitter la rade, et offrit même à l'amiral le concours d'une canonnière. Cette offre ne fut pas acceptée et ne devait pas l'être; pour le moment il s'agissait uniquement de venger une insulte au pavillon, et non de prévenir, par une opération collective, telle que l'occupation du détroit, le retour d'agressions semblables.

Le 16 juillet au matin, nous appareillons par une pluie battante; nous passons le détroit d'Ouraga et gagnons le large; une mer houleuse et le vent contraire ralentissent notre marche. Dans l'après-midi, l'on signale la corvette *la Méduse* et l'on met aussitôt le cap sur ce bâtiment. Vers cinq heures les deux navires mettent en panne; une baleinière est mise à la mer, et l'aide de camp de Barbarin parvient, malgré la houle, à accoster un moment *la Méduse* sous le vent. Il regagne bientôt la frégate avec deux rapports, celui du capitaine du *Kien-chan*, et celui que M. de Graëf van Pols-brock, consul général des Pays-bas, passager à bord de la corvette hollandaise, adresse à l'amiral sur un violent combat que ce bâtiment a dû livrer, en passant à son tour le détroit de Simo-noseki.

Donnons d'abord le récit des dangers auxquels avait échappé notre petit aviso le *Kien-chan :* Le 8 juillet, à cinq heures du matin, *le* bâtiment, mouillé à l'entrée intérieure du détroit, se disposait à lever l'ancre, lorsqu'un canot, monté par huit hommes et deux officiers japonais, se présenta le long du bord et adressa plusieurs questions au pilote indigène qui se tenait sur la passerelle : « Quel était le navire? d'où venait-il? » et d'autres questions qui ne furent pas comprises Ces officiers ne se faisant pas reconnaître, il leur fut intimé l'ordre de s'éloigner. Le canot repartit du côté de Simo-noseki ; un quart d'heure après, *le Kien-chan* appareilla et s'engagea dans le détroit, pavillon et flamme[1] déployés. A ce moment deux coups de canon furent entendus à une très-grande distance.

Un petit fort situé sur la rive nord était à peine dépassé que les pièces qui l'armaient se mirent à tirer ; les boulets ricochèrent assez loin derrière le navire, et le capitaine, ne pouvant soupçonner d'intentions hostiles, crut à un exercice de tir interrompu pour le laisser passer. Mais un moment après un boulet passait au-dessus du *Kien-chan*, et deux autres batteries situées en avant, se joignant à la première, ouvraient sur lui un feu très-vif et bien dirigé. Stupéfait de cette agression, l'attribuant à quelque défense de franchir les passes, le capitaine, tout en faisant armer les deux pièces, mit une baleinière à la mer. Un officier, auquel s'adjoignait un interprète de la Légation de France qui se trouvait à bord, se disposait à y embarquer pour aller demander les motifs de cette étrange agression. A ce moment un boulet vint fracasser l'embarcation, tandis que deux navires japonais, mouillés sur l'avant dans le détroit, joignaient leur feu à celui des batteries. Dans ces circonstances critiques, la perte du bâtiment paraissait inévitable. Il ne fallait pas songer à revenir en arrière ;

---

1. La flamme est, pour toutes les nations maritimes, le signe distinctif du bâtiment de guerre.

cette opération, dans un chenal étroit et parcouru par un rapide courant, eût exigé trop de temps. Le capitaine adopta immédiatement la seule chance de salut qui s'offrît : faisant démaillonner la chaîne et laissant son ancre au fond, il reprit·sa route à toute vitesse, sous le feu des batteries qui durait toujours, faisant voler ses pavois en éclats et coupant ses manœuvres. Il envoya, en passant, quelques coups de canon aux deux navires qui se disposaient à appareiller.

Peu d'instants après apparut la sortie extérieure du détroit. En ce point, deux passes se présentaient pour gagner le large : l'une suivie par tous les navires d'un certain tonnage, longeant la côte sud du détroit; l'autre, peu profonde, circulant au milieu des bas-fonds et fréquentée généralement par les jonques, passant contre la ville et plus loin entre la côte nord et l'île d'Hikousima. Le pilote japonais, effrayé par les projectiles, était incapable de rendre le moindre service; toutefois le capitaine n'hésita pas à s'engager, en sondant avec soin, dans la dernière des deux passes. Les deux navires japonais avaient déployé leurs voiles et gagnaient *le Kien-chan* de vitesse; par bonheur, ils n'osèrent s'engager sur les bas-fonds. Enfin, vingt minutes après son second appareillage, *le Kien-chan*, poursuivi par les derniers boulets de Nagato, se trouvait hors d'atteinte. Sa coque était, au-dessus de la flottaison, criblée par les projectiles; par un hasard providentiel, personne n'avait été atteint, sauf par de légers éclats de bois.

Le lendemain, en entrant à Nagasaki, *le Kien-chan* rencontrait à la sortie de ce port la corvette *la Méduse*, faisant route pour le détroit. M. Lafon se rendit à bord, remit son rapport au commandant, et lui donna des détails sur l'agression qu'il venait de subir.

La Méduse, ainsi que le disait le rapport de M. de Polsbrock, se rendant à Yokohama avec ce fonctionnaire passager à bord, avait pris à Nagasaki un pilote indigène pour la mer Intérieure. Le commandant, M. de Casembroot, informé de l'attaque du *Kien-chan*, ne crut pas néanmoins devoir changer de route. Les Hollandais, ces vieux et paisibles alliés de Japonais, auxquels ils avaient enseigné l'art moderne de la guerre, croyaient pouvoir passer impunément devant leurs canons. Toutefois, lorsque *la Méduse* se présenta, le 11 juillet au matin, à l'entrée extérieure du détroit, tout était préparé pour l'éventualité d'un combat à soutenir. La ville de Simonoseki apparut bientôt au fond du détroit, longeant le bord de la mer au pied des collines. Lorsque *la Méduse* n'en fut plus qu'à une certaine distance, et que les couleurs furent déployées, quelques coups de canon, probablement des signaux, partirent d'une batterie et d'un brick à l'ancre. Chacun se rendit à son poste et l'on continua à marcher en avant.

Deux navires, mouillés devant la ville, portaient au grand mât le pavillon noir et blanc du prince de Nagato. *La Méduse* en était à trois encablures environ (six cents mètres) quand ils firent, en même temps qu'une batterie de huit pièces, une décharge générale sur la corvette. Une pluie de fer, fort heureusement dirigée trop haut, passa par-dessus les bastingages. Les batteries de la côte de Kiousiou restant silencieuses, le commandant de *la Méduse* fit armer aussitôt ses huit pièces de bâbord, qui répondirent efficacement ; les projectiles portèrent dans la batterie même et sur l'un des navires, où ils parurent faire de grands ravages.

L'étroitesse de la passe obligeait *la Méduse* à continuer sa route ; tout en marchant à petite vitesse elle continua son combat d'artillerie. Une nouvelle batterie à terre venait d'ouvrir son feu ; les boulets, du calibre de 24, et les obus pleuvaient sur la corvette ; plusieurs de ces derniers éclatèrent à bord. Quelques hommes tombèrent mortellement atteints ; le feu prit un instant en deux endroits du navire.

Le combat devenant de plus en plus inégal, *la Méduse* accéléra sa marche tout en continuant un feu nourri de ses pièces de bâbord. A mesure qu'elle s'éloignait d'une batterie, de nouvelles décharges partaient d'autres ouvrages échelonnés le long de la côte. Enfin, une heure et demie après s'être engagée dans le détroit, après avoir essuyé le feu des deux navires et de sept batteries, *la Méduse* atteignit la mer Intérieure. Elle comptait quatre morts et cinq hommes grièvement blessés; 31 projectiles avaient frappé la coque du bâtiment, dont la machine était, fort heureusement, restée saine et sauve.

Telles étaient les nouvelles recueillies à bord de *a Méduse*. Ainsi donc, le prince de Nagato, quel que fût son mobile, jetait un défi aux marines étrangères, et, sans avertissement préalable, interdisait subitement à coups de canon le passage du détroit à tous leurs navires. Il résultait en outre des deux rapports que le nombre des batteries, l'étroitesse de la passe et la rapidité des courants faisaient du détroit un sérieux obstacle; un seul boulet atteignant la machine ou le gouvernail aurait amené l'échouage sous le feu ennemi et, par suite, la perte du navire. Les deux engagements avaient donc eu une issue inespérée, et si le prince de Bouzen, sur la côte opposée, n'était pas resté spectateur indifférent de la lutte, nul doute que *la Kien-chan* et *le Méduse* n'eussent succombé.

Le jour suivant, la houle ayant augmenté et les grains ne permettant pas de voir la terre, notre navigation devint plus lente et plus difficile; il fallut s'éloigner de la côte. Le 18 au soir nous reconnûmes enfin l'entrée du canal de Boungo; dans la journée, *le Tancrède* nous avait ralliés au large. Le 19 au jour, nous donnions dans le canal, précédés du *Tancrède;* les grains continuaient et permettaient à peine d'apercevoir par instants les deux rives. La passe est large, mais semée d'écueils, et l'hydrographie en est encore incomplète. Après avoir rangé de près un dangereux récif, nous entrâmes enfin, vent arrière, dans la mer Intérieure. C'est en ce point qu'elle atteint en largeur les plus grandes proportions. Tandis que nous mettions le cap au nord-ouest, les terres disparaissaient presque entièrement à l'horizon; mais au calme des eaux, malgré la continuation de la brise, nous devinions qu'une barrière arrêtait, derrière nous, la houle du Pacifique. Les jonques se montraient de tous côtés de l'horizon en assez grand nombre. Le soir, après avoir doublé l'un des promontoires de Kiousiou, nous vînmes jeter l'ancre en avant de l'entrée du détroit de Simonoseki. Des terres élevées, courant au nord et à l'ouest, venaient former comme un vaste entonnoir, s'ouvrant vis-à-vis de notre mouillage.

La journée avait été employée à faire les dernières dispositions pour les opérations du lendemain. L'amiral avait rédigé une proclamation annonçant aux habitants du pays les circonstances dans lesquelles il se présentait : il ne venait pas avec l'intention de nuire aux paisibles populations, mais pour venger sur leur prince l'insulte que ce dernier avait faite, quelques jours avant, au pavillon de son pays. Cette proclamation, écrite en caractères japonais, devait être communiquée aux habitants en temps et en lieu.

Le 20 au matin, par un très-beau temps, nous appareillons avant six heures, suivis du *Tancrède*. L'amiral, sur le rapport du *Kien-chan* et de *la Méduse*, a renoncé à faire éclairer la route par *le Tancrède;* ce petit navire, faible de coque et ayant sa machine très-vulnérable, serait trop exposé en cas de surprise par un feu inopiné. A mesure que nous avançons vers le centre de l'entonnoir formé par les terres, les détails de la côte apparaissent peu à peu. Le branle-bas est sonné : chacun est à son poste et le plus grand silence règne à bord. Notre attention se partage entre l'examen de la côte où doit être l'ennemi et la vue d'un splendide panorama : sur les deux rives, des collines couvertes de bois, des ravins verdoyants descendent jusqu'à la mer. Quelques jonques à la voile s'engagent devant nous dans le détroit, et disparaissent successivement derrière une pointe de Kiousiou. C'est un peu plus loin, cachée par cette pointe, que se trouve, à six kilomètres environ, la ville de Simonoseki.

Deux coups de canon, tirés au nord dans les mon-

tagnes et que nous avions faiblement entendus,
venaient, suivant l'usage des défenseurs du détroit,
de signaler notre approche. De ce côté, nous apercevons un château au milieu des bois ; c'est la résidence de Chofhoo, qu'habite l'un des princes de la
famille de Nagato ; toutefois ce château, par sa
position, ne commande pas l'approche du détroit,
et l'amiral, le laissant à droite, donne l'ordre de
s'engager lentement dans la passe en rangeant le
plus possible la côte opposée.

Vers six heures et demie une batterie se dé-
masque tout à coup sur la rive nord ; il est facile de
compter cinq pièces, qui se présentent sous un
angle de quarante-cinq degrés, à six ou sept encablures de distance. A ce moment, la frégate, qu'il
est difficile de maîtriser en raison d'un courant très-
rapide entrant dans le détroit, s'échoue légèrement ;
elle ne reprend sa marche qu'au bout de vingt minutes et nous mouillons un peu plus en avant.

Pendant ce temps, nous observons la côte ennemie, qui reste silencieuse ; toutefois un grand
mouvement s'opère dans la batterie et les environs.
Une rizière s'étend à gauche et la sépare des collines plus éloignées : au pied de ces collines
s'élèvent deux petits villages, et un peu plus haut
un grand édifice construit sur terrasse en maçonnerie. Les pilotes japonais qui sont à bord nous le
désignent comme une habitation seigneuriale ; l'on

aperçoit les soldats courir entre le village et la batterie, ils garnissent en grand nombre les parapets. Des cavaliers partent au galop dans la direction de Simonoseki. De ce côté, une route menant à la ville suit les sinuosités de la côte; on croit reconnaître sur son parcours de nouveaux ouvrages ; à une assez grande distance, près de la pointe de Kiousiou qui nous cache les premières maisons de Simonoseki, on remarque, à la lunette, une troupe d'hommes réparant une batterie; des officiers, reconnaissables à leurs brillantes armures, dirigent les travailleurs.

Aussitôt mouillés, les dispositions sont prises pour l'embossage; l'ennemi, qui pourrait gravement contrarier cette opération, ne change pas cependant le pointage de ses pièces qui restent silencieuses [1]. A sept heures le feu commence à bord, dirigé avec régularité et une grande justesse sur la batterie, dont les parapets volent en poussière, sur le village où les soldats avaient été aperçus et sur l'édifice à terrasse blanche. Les Japonais se réfugient partout à couvert et sous les bois. D'autres boulets, lancés sur la route de Simonoseki

----

1. Il est difficile de s'expliquer le silence de l'ennemi qui était à ses pièces. Il est possible que, ne pouvant tirer sur la frégate sans envoyer de boulets dans un grand village de Kiousiou, près duquel nous nous trouvions, il eut l'ordre de ne pas faire usage de ses pièces dans ces conditions.

où l'on remarquait du mouvement, produisent un effet semblable. L'ennemi ne répondant pas, le tir n'est continué que très-lentement sur la batterie et les points environnants.

Vers neuf heures, le terrain paraissant abandonné, *le Tancrède*, mouillé en dehors de nous et prenant la batterie d'enfilade, reçoit l'ordre de se porter en avant dans la passe, afin de reconnaître les ouvrages plus éloignés. Il appareille et passe le long de notre bord. Un moment après, alors qu'il se présente dans la ligne de tir de la batterie, celle-ci se couvre de servants et ouvre subitement sur l'aviso un feu à ricochet fort bien dirigé. *Le Tancrède* stoppe sa machine et riposte de ses quatre pièces, tandis que la frégate couvre de projectiles les parapets de l'ennemi. Nos boulets à percussion éclatent sur les pièces et renversent les servants; au milieu d'un nuage épais l'un des canons apparaît la volée dirigée vers le ciel. La batterie n'a pas encore tiré une douzaine de coups qu'elle est évacuée par ses défenseurs. Pendant ce temps, *le Tancrède* a effectué son évolution un peu plus loin. Il revient mouiller près de nous sans être inquiété. Le lieutenant de vaisseau Julhiet, son capitaine, vient à bord. *Le Tancrède* a reconnu sur l'avant, du côté de Simonoseki, d'autres ouvrages qui s'apprêtaient à faire feu à leur tour. Sur celui qu'il a essuyé, trois boulets l'ont sérieusement atteint, l'un traversant la coque à la flottaison, les deux autres coupant son mât d'artimon et son petit mât de hune.

L'expérience que l'on venait de faire prouvait clairement que notre tir, quelque bien dirigé qu'il fût, n'empêcherait pas l'ennemi de reprendre son feu, tant qu'il aurait encore une pièce en état de servir. L'amiral décide, en conséquence, que les troupes de débarquement iront s'emparer de la batterie, la détruire, occuper le village et le château, et faire, en un mot, dans ce rayon, tout le mal possible à l'ennemi. Pendant que les hommes dînent et se reposent, un feu très-lent est continué sur les alentours de l'ouvrage.

Pendant ces événements, un curieux incident se passait sur la rive opposée. Nous étions embossés devant la petite ville de Tanaoura, appartenant, comme toute la côte sud du détroit, au prince de Bouzen. Dès le commencement de l'action, une foule considérable avait garni la grève, les nombreuses jonques mouillées en avant et les escaliers conduisant à des pagodes situées sur la montagne. Une heure après notre mouillage, M. l'abbé Girard, missionnaire très-versé dans la langue japonaise et l'interprète de la légation de la France, accompagnés d'une escorte, étaient chargés d'aller trouver les autorités de la ville et leur remettre la proclamation de l'amiral. Ils débarquaient au milieu des flots de population, sans remarquer le moindre symptôme de malveillance; cette foule, sans manifester d'autre sentiment que celui de la curiosité, assistait au combat comme à un spectacle, discutant et jugeant la justesse de chaque coup. Nos deux envoyés, conduits aussitôt chez l'*Obounio* ou maire de la ville, étaient gracieusement accueillis par ce fonctionnaire; il les faisait asseoir à la place d'honneur et écoutait leurs explications; enfin, recevant de leurs mains la proclamation, il l'expédiait, séance tenante, au prince de Bouzen par un messager extraordinaire.

A midi, les embarcations sont armées en guerre; elles s'apprêtent à recevoir la compagnie de marins fusiliers de la frégate (lieutenant de vaisseau Miet) et celle des chasseurs du bataillon d'Afrique passagers à bord (capitaine Côte), en tout 250 hommes placés sous le commandement du capitaine de vaisseau Le Couriault du Quilio. Le chef d'état-major accompagne la colonne, qui doit exécuter les opérations que nous avons indiquées plus haut.

L'appel terminé, les hommes embarquent; les canots se rangent sur deux lignes. La petite flottille avance lentement, en raison du courant qui la prend en travers; enfin elle approche de la rive, au pied de mamelons qui s'étendent sur la droite et dominent la batterie en arrière. Les chaloupes lancent quelques obus pour éclairer le bois, les hommes sautent à terre et se rangent sur le rivage, sans que l'ennemi accuse sa présence ; la partie la plus délicate de l'opération est ainsi terminée sans encombre. Les chasseurs gravissent aussitôt le mamelon qu'ils doivent occuper, tandis que, longeant la mer, les fusiliers se portent en deux sections sur la gauche pour occuper la batterie par la gorge.

Quelques instants après, les trois petites colonnes disparaissent sous les bois en engageant la fusillade. C'est le moment critique de l'action, car nous ignorons la position et l'importance des forces de l'ennemi ; mais quelques minutes s'écoulent, et nous voyons un grand mouvement dans la batterie. Ce sont les marins qui l'occupent et agitent leurs chapeaux en couronnant les parapets. Les chasseurs ont balayé les bois du mamelon en arrière et disparaissent sur le versant opposé, pendant que les marins enclouent les pièces et entassent sous les affûts des matières inflammables. Tandis que ce travail de destruction s'accomplit, quelques détachements traversent la rizière à gauche et se portent sur le village et l'édifice à terrasse ; les Japonais s'enfuient devant l'élan de nos hommes et se réfugient sous les bois au fond du vallon où se passe l'action, n'osant pas se montrer à découvert, et continuant un léger feu de tirailleurs. Une épaisse fumée, signe précurseur de l'incendie, s'élève en différents points du village.

Le Tancrède, qui vient de mouiller plus loin dans le détroit, nous signale vers une heure que des colonnes de troupes arrivant de Simonoseki se portent rapidement, par la route suivant la mer, sur le vallon où se passe l'action. Nous les apercevons bientôt ; on voit briller leurs armes, lances ou fusils ; on distingue des cavaliers. Le tout forme un long ruban serpentant sur plus d'un kilomètre, caché à certains moments derrière la verdure, puis reparaissant un peu plus loin. La route, sur une certaine longueur où elle est bordée de maisons, forme une large chaussée à découvert le long de la mer. *Le Tancrède* et *la Sémiramis* balayent aussitôt cette chaussée de leurs boulets. On voit bientôt la colonne se désorganiser, se retirer en arrière, ou se jeter de côté sous les bois. La tête de la colonne est parvenue au mamelon qui précède la rizière où sont engagés nos hommes. Quelques pas encore, ils vont tomber sur leur flanc ; à ce moment, arrêtés par le feu des navires, ils cessent d'avancer, forment précipitamment une barricade en travers de la route, et, cachés derrière cet abri, envoient quelques décharges de mousqueterie aux chaloupes de débarquement. Celles-ci ripostent avec leurs obus et reviennent ensuite sous la batterie.

Il est deux heures : quelques coups de fusil se tirent encore au fond du vallon. Tandis que nos hommes rallient la batterie, les affûts des pièces sont en pleine combustion ; les deux villages brûlent avec une épaisse fumée. Une demi-heure plus tard, pendant que les troupes s'embarquent dans les canots, le grand édifice à terrasse blanche fait subitement explosion, lançant dans les airs une immense colonne de feu et de débris.

A trois heures, nos combattants rentrent à bord salués par les camarades moins heureux qui n'ont pu les suivre. Le commandant fait son rapport, chaque officier raconte ses impressions et les incidents de l'affaire.

Une fois débarqués, les trois colonnes ont rencontré sous les bois de petits groupes de fantassins japonais fuyant en déchargeant leurs armes ; les balles et les baïonnettes en ont atteint un certain nombre. Tandis que les chasseurs du capitaine Côte balayaient le mamelon et redescendaient le versant opposé, les marins sont arrivés sur la batterie ; celle-ci était déserte. Les cinq pièces qui l'armaient, toutes en bronze et du calibre de vingt-quatre, étaient parfaitement installées sur affûts de côte avec plate-forme à pivot. L'une d'elles avait été précipitée de sa plate-forme par l'un de nos projectiles ; ceux-ci, traversant un parapet insuffisant, avaient labouré la batterie, où des débris humains et des vêtements ensanglantés gisaient à terre autour des pièces. Aussitôt l'occupation, le commandant a fait détruire les affûts, enclouer les pièces et jeter à la

mer les munitions découvertes dans une poudrière.
Un détachement, traversant la rizière, s'est porté
sur le village et à la lisière des bois ; les Japonais ont
fui partout sans résister, se bornant à entretenir au
fond du vallon un feu de tirailleurs à l'abri des arbres.
Le feu a été mis successivement aux différents
points du village servant de logement aux soldats
japonais. Dans quelques-unes des cases étaient rangées des armures ; dans une habitation d'officiers
l'on a trouvé des ouvrages de tactique militaire,
traduits des langues européennes en japonais ; l'un
d'eux, imprimé en hollandais, était encore ouvert à
la page où, sans doute, son lecteur l'avait quitté
précipitamment : à cette page l'on traitait *des na-*
vires attaqués par une batterie au moment où ils ont à
lutter contre un courant violent. Le détachement de
marins, conduit par le chef d'état-major Layrle,
s'est porté jusque sur le château à terrasse blanche ;
une partie de l'édifice était un logement de chefs,
le reste un magasin considérable de poudre et de
projectiles ; le feu a été mis à l'un des angles, et
bientôt après le tout a disparu dans une immense
explosion. A ce moment, le signal de retraite était
fait ; les hommes, repliés lentement sur l'ouvrage
sans être suivis de l'ennemi, se sont rembarqués en
bon ordre. Ce brillant succès ne nous coûte que
trois hommes légèrement atteints et un chasseur
mortellement blessé. L'ennemi n'a laissé qu'un pe-

tit nombre de morts sur le terrain; mais l'artilerie des navires, lancée avec la plus grande précision sur la batterie et ses colonnes, a dû lui faire subir des pertes considérables [1]. En récapitulant les incidents du combat, l'on est amené à conclure qu'il a été surpris par notre descente inopinée; les détachements restés pour la garde du terrain n'ont pas tenu devant l'élan de nos hommes. Quant aux renforts accourant de Simonoseki, atteints par nos boulets, ils se sont dispersés sous les bois.

Nos hommes ramènent de curieux trophées : des sabres, des lances, des fusils, des mousquets à mèche d'ancienne date et d'origine hollandaise, des armures. Celles-ci, principalement, excitent notre intérêt: leur aspect rappelle d'une manière frappante les armures de nos anciens chevaliers; casque, cuirasse, brassards, cuissards s'y retrouvent. Le tout est d'une composition assez dure, quelquefois doublée de métal, recouverte de laque, bonne pour les combats à l'arme blanche, mais ne pouvant résister aux balles de carabine; les attaches sont en soie. Quelques-unes de ces armures, sans doute celles des chefs, sont recouvertes de laques d'or et de brillantes couleurs. Cette tenue guerrière

1. A quelques jours de là, un navire japonais, appartenant à un autre prince, arrivant de Simonoseki, fit savoir à Nagasaki que Nagato avouait une perte de cent cinquante officiers et soldats.

des Japonais était déjà, il y a plusieurs siècles, au temps des Siogouns et de leurs luttes intestines, celle qu'ils avaient adoptée pour aller à l'ennemi. L'introduction toute récente de l'art moderne de la guerre leur en a montré l'inefficacité; sans renoncer entièrement à ce brillant costume de combat, ils ont adopté, pour leurs troupes armées à l'européenne, une tenue plus légère et plus propre à l'exécution des manœuvres. Les soldats de Nagato tombés sous nos coups étaient, à peu de choses près, vêtus comme les fantassins de Taïcoun.

A cette heure, d'épaisses colonnes de fumée, continuant à sortir du vallon, portaient à Simonosaki la nouvelle de notre succès, et apprenaient au prince de Nagato que l'insulte faite à notre pavillon n'avait pu rester impunie. L'opération accomplie permettait aux navires d'avancer plus loin, et, se présentant en vue de Simonoseki, de réduire cette ville en cendres sans avoir sérieusement à craindre le feu des batteries éloignées; il y avait encore derrière nous, à notre portée, le château de Cho-fhoo, d'où était parti le signal, et que quelques boulets pouvaient détruire. Mais de semblables opérations, que rien désormais ne rendait nécessaires, auraient fait retomber sur une population paisible la punition du crime de son maître. Ayant rempli son but, ne voulant pas démentir les termes de la proclamation qu'il avait lancée le matin même, l'amiral dé-

cida le retour. Nous appareillâmes un peu avant la
nuit, pour aller mouiller en dehors des passes.

La route que nous prîmes pour rallier Yokohama
fut celle de la mer Intérieure. Le 21, dans l'après-
midi, après avoir traversé la partie occidentale de
cette mer, nous nous engagions dans les détroits qui
la font communiquer entre Nipon, Sikok et les îles
voisines, avec la mer d'Osaka. Rien ne saurait donner une idée du splendide panorama qui, jusqu'à
la nuit, nous tint sur le pont attentifs et charmés.
Tantôt resserrée entre deux promontoires, tantôt
s'élargissant en baies profondes, la passe que nous
suivions, emportés par un courant rapide, présentait à chaque instant à nos yeux un spectacle nouveau et imprévu : des collines couvertes de verdure
jusqu'au bord de la mer, de nombreux villages, au-
dessus d'eux des pagodes et des châteaux pittores-
quement assis sur les hauteurs, des centaines de
barques pêchant ou naviguant au milieu de ces
eaux, à l'horizon de hautes montagnes aux sommets
escarpés. Le soleil couchant vint revêtir de reflets
violacés les derniers plans du paysage. La nuit était
venue que nos yeux cherchaient encore, à travers
les ténèbres, à saisir les aspects de cette belle nature. Nous venions d'entrevoir, au fond d'une baie,
les murs et les hautes tours du château de Mihara;
nous jetâmes l'ancre un peu plus loin pour y passer
la nuit.

Le lendemain, nous entrions dans la mer d'Osaka par le détroit qui sépare l'île Nipon d'Awadsi-Sima. Sur cette dernière, une énorme batterie était en construction vis-à-vis le passage. A une dizaine de milles, sur notre gauche, s'élevaient les montagnes qui dominent Hiogo, le port d'Osaka, où, suivant les conventions de Paris et de Londres, le commerce européen doit pénétrer le 1er janvier 1867. Mettant le cap au sud, nous atteignîmes en quelques heures la sortie orientale de la mer Intérieure ; en ce point le détroit a près de deux milles de largeur, et l'on aperçoit de loin les batteries qui garnissent ses deux rives. Le 24 au matin, nous étions mouillés à Yokohama, où *le Tancrède* nous rejoignit bientôt.

Un dernier fait militaire nous reste à raconter pour terminer le récit des événements dont le détroit de Simonoseki venait d'être le théâtre.

La corvette *le Wyoming*, partie, comme nous l'avons dit, pour la mer Intérieure, avait, peu de jours avant notre arrivée sur les lieux, tiré vengeance de l'acte d'agression commis sur *le Pembroke* par un coup d'audace bien en harmonie avec le caractère américain. Voici les faits en quelques mots : Le bâtiment, à marche rapide et calant peu d'eau, ne portait qu'un petit nombre de pièces et deux énormes canons de cent dix livres. Arrivé en vue de l'entrée intérieure du détroit, il s'y engagea à toute vitesse, sans répondre au feu des deux ou trois bat-

teries qui le saluèrent successsivement. L'équipage
était couché sur le pont; les boulets passèrent faisant peu ou point de dégâts.

Le navire, parvenu de la sorte aux bâtiments de
Nagato, mouillés devant Simonoseki, lâcha subitement sur eux sa bordée de tribord. Un projectile de
la pièce de cent dix, lancé presque à bout portant
sur le vapeur *le Lancefield*, en ce moment chargé de
monde et se disposant à l'attaque, traversa sa coque,
et, sans nul doute, la chaudière, car on vit les Japonais se précipiter à la mer devant des flots de
vapeur. Un moment après, les autres batteries se
démasquant dans la seconde partie du détroit, le
commandant du *Wyoming* fit évoluer le bâtiment
pour revenir sur ses pas. Malheureusement la corvette s'échoua dans cette opération rendue difficile
par l'étroitesse de la passe, et devint un but immobile au feu croisé de plusieurs batteries; en quelques minutes le côté faisant face à l'ennemi fut
criblé de projectiles; douze hommes, dont six mortellement frappés, venaient de tomber sur le pont
du navire. Parvenu enfin à se déséchouer, *le Wyoming* reprit sa marche en sens contraire, envoya
en passant une seconde bordée aux navires, dont
l'un coulait bas, et, défilant une seconde fois
sans répondre devant les batteries de l'entrée
du détroit, se retrouva bientôt dans la mer Intérieure.

Quelques jours après la corvette rentrait à Yokohama pour réparer ses avaries.

Ainsi donc, du 8 au 20 juillet, quatre engagements s'étaient succédé dans ces parages. Le détroit restait fermé, car le prince de Nagato, malgré la destruction d'une partie de ses navires et de ses batteries, pouvait en peu de temps réparer le mal et créer de nouveaux obstacles; mais, en ce qui concernait la France et l'Amérique, l'honneur du pavillon était sauf, et la question d'opérations ultérieures, bientôt soulevée, ne pouvait encore s'appuyer que sur des considérations d'intérêt commercial.

Il devait être curieux, à la suite de ces divers événements, d'étudier l'attitude des Japonais et leur façon d'apprécier publiquement les faits. Les gens du peuple, se risquant parfois à manifester leur opinion en l'absence des Yacounines, apprirent ces événements avec·la simple curiosité de spectateurs assistant à une scène intéressante et dans laquelle ils ne sont appelés à remplir aucun rôle. Les gouverneurs de Yokohama, d'autre part, vinrent à bord de *la Sémiramis*, demandèrent des détails sur l'engagement, et félicitèrent l'amiral du succès qui, disaient-ils, était favorable au pouvoir du Taïcoun; il en fut de même des autorités de Nagasaki s'adressant à notre consul. Toutefois, ainsi qu'on le verra par la suite, les bonnes dispositions des agents du gouvernement de Yédo devaient se borner à ces marques extérieures d'approbation.

Au moment du départ des bâtiments français pour la mer Intérieure, le ministre de France avait informé le gouvernement de Yédo de l'agression subie par *le Kien-chan* et de la réparation qui allait en être immédiatement tirée. Le 24 juillet, les membres du Gorogio, témoignant au ministre leur étonnement d'avoir appris ces attaques d'un Daïmio sur les navires de plusieurs nations, ajoutaient simplement qu'ils allaient aviser, et qu'il y avait lieu d'attendre la décision qu'ils croiraient devoir prendre. Ils terminaient par ces paroles empreintes d'une dignité offensée : « Dans votre lettre, il est « dit que nos envoyés vous ont déclaré que notre « gouvernement n'est pas capable de contraindre « les Daïmios à l'obéissance : mais un tel état de « choses n'existe pas en réalité ; il est donc probable « que cette assertion est basée sur quelque malen- « tendu survenu dans les conférences. »

Des réponses semblables accueillirent les récla- mations des autres représentants. Il était opportun, devant ce mépris témoigné à de justes récrimina- tions, de se concerter pour l'adoption d'une ligne de conduite commune. Le 25 juillet, les ministres et chargés d'affaires de France, d'Angleterre, des États-Unis et de la Hollande, réunis en conférence, déclarèrent qu'il était indispensable, sous peine de voir annihiler peu à peu les clauses encore observées des traités, de procéder à la réouverture de la mer Intérieure nécessaire à la navigation commerciale, d'en appeler pour cela aux forces navales réunies au Japon, et d'informer de cette décision le gouvernement de Yédo. Ce dernier serait ainsi mis en demeure de prendre immédiatement les mesures nécessaires pour arriver au même but, de manière à ne pas laisser aux étrangers le temps d'employer la force. Le dernier paragraphe de la lettre du Gorogio ne les autorisait-il pas à croire le gouvernement du Taïcoun capable de leur donner satisfaction sur ce point?

Appelés à donner leur avis, les commandants en chef opinèrent pour qu'on se pressât moins d'agir. La liberté de la mer Intérieure ne ressortant pas catégoriquement des termes des traités, il était plus naturel, pensaient-ils, d'exiger tout d'abord l'exécution de toutes les clauses dûment stipulées. Le gouvernement du Taïcoun étant d'ailleurs le seul reconnu par les étrangers du Japon, il semblait préférable de s'adresser à lui seul pour la répression des désordres qu'il se déclarait assez fort pour faire cesser. Ce ne serait que devant l'évidence ou l'aveu formel de son impatience qu'il deviendrait urgent d'employer la force.

Telles furent les réponses des deux amiraux. Les autorités anglaises avaient, d'autre part, à poursui-

vre l'exécution des instructions de leur gouvernement relativement aux réparations à exiger du
prince de Satzouma ; l'amiral Kuper devait donc se
porter chez ce prince avec une partie de sa division
navale. En son absence l'amiral Jaurès resterait à
Yokohama pour veiller, suivant ses récents engagements, à la sûreté de la ville. Ces différentes considérations l'emportèrent, et l'on ajourna toute
opération active contre les défenses du détroit de
Simonoseki.

A la suite de ces décisions, les représentants des
quatre puissances signataires du mémorandum du
25 juillet donnèrent séparément communication de
leurs résolutions au gouvernement du Taïcoun. Celui-ci était mis en demeure de lever les restrictions
à l'exécution des traités, de veiller à la sécurité des
étrangers vivant sur son territoire, et de restituer
au commerce maritime la voie de la mer Intérieure,
sous peine de voir, à un moment donné, les puissances étrangères recourir à l'emploi de la force
pour soutenir leurs droits. Ces communications
étaient datées du 26 juillet 1863 : nous verrons plus
loin le compte qu'en tint le gouvernement de Yédo.

CHAPITRE V.

Le 6 août 1863, le vice-amiral Kuper appareilla
de la baie de Yokohama avec une partie de sa division navale, la frégate à hélice *l'Euryalus*, portant
son pavillon, les corvettes *Perseus*, *Pearl* et *Argus*,
les canonnières *Coquette*, *Race-Horse* et *Havoc*, en tout
sept bâtiments portant quatre-vingt-neuf canons. A
bord de *l'Euryalus* se trouvait le chargé d'affaires
britannique lieutenant-colonel Saint-John Neale,
avec sa suite.

La division se dirigea à la voile, à sa sortie du
golfe de Yédo, sur le détroit de Van-Diémen. En dehors de la pointe Tchichakoff, qui limite au nord ce
détroit, s'étend sur une vaste baie bordée à l'ouest

par les terres du prince de Satzouma ; au fond de la
baie, la ville de Kagosima[1], cité populeuse et ma-
nufacturière, s'élève aux pieds de hautes montagnes, que surmonte un grand cône d'origine volcanique, le pic Horner.

C'est dans cette ville même, considérée comme
la capitale des États de Satzouma, que le chargé
d'affaires d'Angleterre se rendait, appuyé d'une
force respectable, pour faire connaître à l'orgueilleux Daïmio les satisfactions que le gouvernement
britannique lui avait enjoint de réclamer. Chacun,
à bord de l'escadre, avait la conviction que l'expédition se bornerait à une simple promenade, et
qu'après les premières sommations, on verrait le
prince de Satzouma, déterminé par l'exemple du
gouvernement de Yédo, céder sous la menace des
canons anglais.

La division arriva le 11 août, dans l'après-midi,
à l'entrée de la baie de Kagosima, et mouilla le soir
près des rochers des *Sept-Iles*. Le 12, à sept heures
du matin, elle appareillait, précédée des petits bâtiments faisant des sondages, et s'engageait plus
avant dans les terres.

Kagosima est située au fond de la baie sur la
rive occidentale. Vis-à-vis s'élève la grande île mon-
tagneuse de Sakoura-Sima, qui laisse entre elle et la

1. C'est à Kagosima que se fabriquent les porcelaines les plus
estimées du Japon. — On évalue sa population à 180 000 âmes.

terre ferme un canal long de cinq à six kilomètres et de largeur variable ; des îlots et des récifs surgissent de la mer à l'entrée du canal, de telle sorte qu'en arrivant du large deux passes se présentent aux navires. Les Anglais prirent celle qui longeait la ville. Les deux rives et les îlots leur apparurent armés de batteries. Le plus grand nombre défendait la ville même, devant le front de laquelle elles se succédaient presque sans intervalle ; les palissades d'un camp étaient dressées sur les hauteurs. Autour des pièces se tenaient de nombreux soldats, agitant leurs éventails et suivant de l'œil les navires ; à leur nombre, à leurs mouvements, ils paraissaient prêts à ouvrir le feu partout au premier signal d'alarme. Malgré ce que pouvait avoir de menaçant cette attitude, et la supériorité de forces représentée par les batteries japonaises, le vice-amiral Kuper vint mouiller avec sa division vis-à-vis la ville, à environ cinq encablures (1000 mètres) des batteries les plus proches. L'énorme profondeur de l'eau dans toute la baie rendait fort difficile le choix d'un bon mouillage ; peut-être aussi les Anglais voulaient-ils, par cette preuve de confiance, témoigner de leur désir d'arriver à une solution pacifique.

Pendant que les officiers *masters* des bâtiments étaient envoyés de tous côtés dans la baie pour faire des sondages, plusieurs chefs japonais arrivèrent à bord de *l'Euryalus*, et s'enquérirent du motif de la venue des navires. Leur extérieur, leur attitude étaient empreints d'une certaine dignité méprisante, bien différente de la courtoisie habituelle aux fonctionnaires du Taïcoun. Informés sommairement de la mission que venait remplir le représentant de l'Angleterre auprès du Satzouma, ces officiers déclarèrent que le prince habitait son château de Kirisimi, à 20 ris (18 kilomètres) de Kagosima. Ils partirent après avoir reçu des mains du colonel Neale la sommation écrite qu'ils avaient préparée, et promirent qu'une réponse serait envoyée dans les vingt-quatre heures.

La lettre du colonel Neale rappelait à Satzouma les circonstances de l'attentat commis par les gens de la suite de Shimadzo-Sabouro sur le Tokaïdo, la mansuétude dont avaient fait preuve les autorités anglaises en cette occasion, en préférant en référer à leur gouvernement. Celui-ci leur avait ordonné d'exiger une réparation éclatante de cet attentat. Informé par la suite de l'impuissance du gouvernement du Taïcoun à faire exécuter ses ordres par le prince de Satzouma et à forcer ce dernier à consentir aux réparations demandées, le gouvernement britannique avait enjoint à son représentant :

1° D'exiger des excuses et une puissante indemnité du gouvernement du Taïcoun, responsable, en ant que le gouvernement ayant traité avec l'Angleterre, des crimes commis sur son territoire contre les sujets de cette dernière ; ces réparations venaient d'être accordées ;

2° D'exiger du prince de Satzouma le jugement et l'exécution des coupables du meurtre de Richardson en présence d'officiers de Sa Majesté Britannique, et le payement d'une somme de vingt-cinq mille livres, destinée à la famille de la victime.

En terminant, le colonel Neale déclarait ne pouvoir rien modifier à ces conditions ; en cas de refus d'y accéder, le commandant des forces militaires avait l'ordre d'employer des mesures coercitives d'une rigueur croissante jusqu'à complète satisfaction.

Dans l'après-midi du même jour, une reconnaissance en embarcation fit découvrir, dans une baie située à sept ou huit milles au fond du golfe, trois vapeurs appartenant au prince de Satzouma, mouillés près du rivage en un point dépourvu de défenses.

Le 13 au matin, l'on put remarquer dans la ville une recrudescence de préparatifs belliqueux : de nombreux corps de troupes se massaient dans les batteries ; les canons, formant un total de soixante à quatre-vingts bouches à feu, étaient pointés sur la division : cinq grandes jonques des îles Lout-Chou [1], qui se trouvaient dans la ligne du tir,

1. Les îles Lout-Chou, situées entre le Japon et l'île Formose,

étaient remorquées jusqu'au delà des forts. Des officiers japonais vinrent à bord du bâtiment amiral à plusieurs reprises, annonçant le prochain envoi d'une réponse de leur maître, mais insistant pour que les autorités anglaises voulussent bien se rendre à terre, où un local serait disposé pour les conférences. Cette offre fut formellement déclinée ; de plus, en présence des dispositions belliqueuses prises par les Japonais, l'amiral Kuper, considérant qu'il lui serait presque impossible, en cas d'attaque, de s'embosser au mouillage qu'il occupait et de répondre efficacement au feu des batteries, donna l'ordre à ses bâtiments de se disposer à l'appareillage.

Vers trois heures de l'après-midi, un grand nombre d'embarcations, sortant de la ville, se dirigèrent sur les navires anglais. Elles avaient chacune à bord une petite quantité de provisions de bouche, et l'on crut qu'elles apportaient les vivres qui avaient été demandées la veille et promises aussitôt. Mais ces embarcations, au lieu d'aborder les navires, se contentèrent de faire le tour de chacun d'eux et s'éloignèrent ensuite ; il parut évident, en raison de la présence des officiers et des soldats qui

appartiennent au prince de Satzouma ; par leurs richesses, elles forment une des principales sources des revenus de ce prince, évalués à quinze ou seize millions.

les montaient, qu'elles n'étaient venues que pour s'assurer exactement de la force de la division.

Un moment après cet incident, comme le terme assigné pour la réponse était déjà expiré depuis plusieurs heures, un officier paraissant de haut rang se présenta à bord de *l'Euryalus*, demandant que sa suite, d'environ quarante hommes armés, fût admise avec lui sur le pont du navire ; on y consentit, après toutefois qu'une garde de marine' eût été rangée vis-à-vis sur les gaillards. L'officier, porteur de la réponse du prince au chargé d'affaires d'Angleterre, fut introduit auprès de ce dernier ; mais il y était à peine depuis un instant qu'une embarcation fut aperçue poussant du rivage et faisant force signaux à la première. Les Japonais expliquèrent qu'il y avait une erreur dans les termes de la réponse, et qu'une rectification était indispensable. L'envoyé reprit donc la lettre et s'en retourna sans autres commentaires.

Cet incident assez singulier pouvait être une ruse destinée à retenir les navires dans la position désavantageuse qu'ils occupaient ; le vice-amiral Kuper ordonna immédiatement l'appareillage. La division se porta vers le fond de la baie, mais sans pouvoir trouver, en raison de la profondeur extrême de l'eau, un mouillage convenable. La frégate *l'Eurya-lus* et *le Perseus* durent revenir jeter l'ancre devant la ville, à une distance double toutefois de la pre-

mière, tandis que l'on trouvait pour les autres navires un emplacement convenable dans une baie de
Sakoura-Sima, hors de portée des batteries.

A neuf heures du soir, l'officier porteur de la
première missive du prince de Satzouma, se présenta de nouveau avec la réponse définitive. Il la
remit au colonel Neale en cherchant à rejeter l'incident de la matinée sur le compte d'un malen-
tendu.

La lettre, signée du premier ministre de Satzouma, commençait ainsi : « Celui qui a tué doit
être tué, telle est la justice, car il n'y a rien de plus
sacré que la vie humaine, » puis elle affirmait qu'en
vertu de cette loi, observée au Japon comme ailleurs, ils avaient toujours eu l'intention de juger et
de punir les assassins ; toutefois, jusqu'alors, il
avait été possible de s'en emparer ; les recherches
demandaient du temps, et les autorités anglaises
seraient informées de leur résultat en temps et lieu,
afin de pouvoir assister à l'exécution des coupables.

Les paragraphes suivants, rédigés en termes passablement sarcastiques, justifiaient, en quelque
sorte, la conduite des assassins du Tokaïdo :

« Les gouvernements provinciaux du Japon sont
subordonnés à celui de Yédo, dont vous savez qu'ils
reçoivent les ordres ; nous savons qu'il y a eu un
traité de négocié, dans lequel on a fixé les limites

dans lesquelles les étrangers peuvent circuler ; mais nous ne savons pas qu'il y ait eu une stipulation par laquelle ils puissent empêcher la circulation. Supposez qu'un pareil fait se produise dans votre pays, qu'il y soit dans vos habitudes, comme dans les nôtres, de ne voyager qu'accompagné d'un grand nombre de partisans, ne seriez-vous pas les premiers à châtier (c'est-à-dire à jeter hors de votre chemin et frapper) celui qui violerait les lois du pays? Si l'on passait sur de pareils faits, bientôt les princes ne pourraient plus voyager.

« Nous convenons avec vous que la mort d'un homme est chose grave. Mais la négligence du gouvernement de Yédo, n'insérant dans le traité aucune clause concernant des lois si anciennes de notre pays, ne montre-t-elle pas son incapacité?

« Jugez vous-même qui mérite le blâme ? Est-ce celui qui néglige les lois ou celui qui cherche à les maintenir? Décidez cette question importante : qu'un grand officier du gouvernement de Yédo vienne la discuter avec un de nos grands officiers devant vous, vous nous direz qui a raison ; après quoi la question de l'indemnité sera réglée.... »

Ils disaient ensuite n'avoir pas été informés par le gouvernement de Yedo de la démarche directe qu'allaient faire les Anglais auprès d'eux : « Tout cela nous étonne beaucoup, écrivaient-ils en manière de conclusion : n'en êtes-vous pas aussi surpris ? Notre gouvernement, en toutes choses, agit d'après les ordres de celui de Yedo. Telle est la réponse franche et cordiale que nous faisons à la dépêche que vous nous avez adressée. »

La teneur de cette lettre enlevait les dernières espérances d'une solution prompte et paisible ; toutefois le colonel Neale, dont la mansuétude avait déjà plus d'une fois été mise à l'épreuve depuis la veille, attendit encore. Le lendemain, vers neuf heures, deux officiers parurent, demandant un accusé de réception de la lettre de leur prince. Ils insistèrent verbalement en faveur de la solution qu'il y avait recommandée aux Anglais : Le chef du gouvernement de Yedo, dirent-ils, ayant signifié à Shimadzo-Sabouro que Satzouma ne devait entrer en aucuns pourparlers directs avec les étrangers, ce dernier n'avait donc le droit, en réalité, ni d'agréer, ni de repousser les exigences des Anglais. — En tous cas, la lettre du premier ministre de Satzouma rapprochée des déclarations du gouvernement de Yedo, équivalait pour les autorités anglaises à un refus catégorique de payer l'indemnité, joint à un ajournement indéfini de la livraison des assassins. La diplomatie, ayant échoué dans ses tentatives, laissa dès lors le champ libre à l'action militaire. Le vice-amiral Kuper fut officiellement invité par le colonel Neale à employer les mesures coercitives qu'il jugerait convenables.

Le temps, dans cette même matinée du 14, était devenu fort mauvais ; le vent soufflait de l'est avec violence et l'abaissement du baromètre faisait craindre une tempête ; toutefois, comme l'hésitation pouvait avoir de fâcheuses conséquences, l'amiral n'en donna pas moins ses ordres pour le lendemain.

Le 15 août, au petit jour, les cinq bâtiments anglais mouillés contre Sakoura-Sima se portèrent sur les trois vapeurs de Satzouma, qu'ils avaient l'ordre de saisir, et cela, autant que possible, sans effusion de sang. Ainsi fut fait. Les trois navires [1], gardés par un petit nombre d'hommes, furent occupés sans résistance et leurs équipages déposés sur l'île, puis on les remorqua jusqu'au mouillage que vint reprendre la petite division. Cette opération était accomplie à dix heures, et l'amiral se voyait en possession de précieux otages, avec lesquels il comptait attendre, de la part de Satzouma, de nouvelles ouvertures. Le temps était plus mauvais que la veille ; des grains violents se succédaient, et le vent soufflait avec une force croissante ; les navires conservèrent leurs feux au fond des fourneaux.

A midi précis, pendant un redoublement de la

---

1. Ces vapeurs, achetés par le prince de Satzouma à la marine étrangère, étaient connus dans les mers de Chine sous les noms de *Contest*, *England*, *Sir Georges Grey* : ils lui avaient coûté 305 000 piastres (environ 1 330 000 fr.).

tempête, et comme les équipages allaient dîner, un coup de canon retentit à terre, suivi bientôt de décharges des batteries les plus voisines. Celles-ci ouvraient subitement le feu sur *l'Euryalus* et *le Perseus*, seules en ce moment à leur portée. Ainsi, bien loin de céder devant l'acte de vigueur accompli le matin même, le prince de Satzouma, relevant le défi, donnait le premier signal de la lutte.

Malgré que la pluie de fer dirigée sur les deux navires ne leur eût fait encore aucun sérieux dommage, il s'agissait de prendre une décision immédiate. L'embossage était impossible en raison du fond et du mauvais temps ; toutefois, comme l'atteinte à l'honneur du pavillon rendait opportun de ne pas faire attendre les représailles, l'amiral Kuper résolut d'engager sous vapeur l'action contre les batteries.

Le Perseus, plus rapproché de Sakoura-Sima, était vigoureusement canonné, depuis l'ouverture du feu de l'ennemi, par une des batteries de cette dernière. Il reçut l'ordre d'appareiller et de réduire son adversaire au silence. Peu d'instants après le commandant Kingston, faisait démailloner la chaîne et laissant son ancre au fond, commençait le feu à son tour. Pendant ce temps, le signal était fait à la division d'appareiller et de se ranger en ligne pour pour arriver de son mouillage sur la ville.

Le petit nombre de bâtiments dont disposait l'amiral anglais n'eût pas permis de distraire l'un d'eux pour la garde des prises amarinées le matin. La canonnière le *Havoc* fut chargée d'aller y mettre le feu ; bientôt après, les trois vapeurs de Satzouma apparurent en flammes, et la division, *l'Euryalus* en tête, s'avança sur une file vers les batteries auxquelles elle opposait ses pièces de tribord. *Le Perseus*, engagé depuis le commencement de l'action, y prit également sa place. Il était environ une heure et demie. Une vive canonnade s'engagea dès lors sur la double ligne des forts et des navires : la frégate, montrant la route, rangeait les défenses de la ville à très-courte portée [1].

Un combat entre des batteries de côte et des bâtiments est, à nombre de pièces à peu près égal, très-désavantageux pour ces derniers. En ces circonstances l'amiral Kuper, en faisant défiler ses navires devant une succession d'ouvrages en terre bien armés, rendait sa tâche encore plus difficile. La meilleure tactique eût été sans doute, pour un ennemi venant du large sur Kagosima, de réduire successivement au silence chacun des ouvrages, mais nous avons vu par quelle suite d'événements

---

1. Il faut remarquer que si la violence du vent et des grains incessants contrariaient le combat, l'état de la mer, dans cette rade complétement fermée, n'était pas de nature à empêcher la manœuvre et le pointage des pièces.

le combat avait été amené, et si l'amiral anglais, entraîné par les circonstances, l'acceptait dans ces conditions défavorables, il engageait du moins vaillamment la lutte.

Le feu, quoique contrarié par une pluie incessante, était cependant nourri et bien dirigé des deux parts, en raison de la courte distance à laquelle il s'échangeait. Au plus fort de l'action, entre deux et trois heures, l'*Euryalus*, séparé des autres bâtiments qui n'avaient pu conserver, sans doute en raison de la violence du vent, leur place de bataille, se trouva seul en butte au feu simultané de plusieurs batteries. Celles-ci, dirigeant aussitôt leurs pièces sur la frégate qui défilait lentement à cinq ou six cents mètres, firent pleuvoir sur elle une grêle de projectiles. Un obus, éclatant dans sa batterie, tua ou blessa une vingtaine de servants. Quelques moments après, un boulet, passant près de l'amiral Kuper qui dirigeait l'action du haut de la passerelle, renversait morts à côté de lui le capitaine et le commandant en second de la frégate. La flotte venait de perdre deux de ses plus brillants officiers, les commandants Josling et Wilmot.

Malgré ces circonstances critiques, la division anglaise n'en continua pas moins le feu avec vigueur; ses projectiles, portant sur les réserves massées dans les batteries, sur la ville qui s'étendait en arrière, devaient causer à l'ennemi un mal considérable. Le mauvais temps empêchait de bien apprécier l'effet et la justesse du tir. Toutefois, lorsque *l'Euryalus* fut parvenu vis-à-vis la huitième batterie, la ville lui apparut en flammes ; les obus y avaient allumé des incendies dont le vent favorisait la propagation.

La tempête continuait à sévir avec une force croissante ; le seul résultat possible, celui d'une prompte et vigoureuse réponse à l'attaque des batteries ennemies, était obtenu, non sans pertes douloureuses. L'amiral Kuper donna l'ordre à la division de reprendre son ancien mouillage dans la baie de Sakoura-Sima.

Pendant les dernières évolutions, *le Race-Horse*, en s'approchant trop près de la côte, venait de s'échouer presque sous les parapets de la batterie nord de la ville. La position du bâtiment était critique, car la batterie, quoiqu'à demi désemparée par le combat, continuait encore son feu sur le navire devenu un but immobile. Le capitaine y répondit avec vigueur, tandis que *la Coquette*, *l'Argus* et *le Havoc* accouraient pour le dégager. L'arrivée des trois bâtiments détourna fort à propos l'attention de l'ennemi et acheva de paralyser ses derniers efforts. Au bout d'une heure *le Race-Horse* était déséchoué, et, reprenant sa marche, regagnait à son tour le mouillage.

Une dernière opération signala la fin de cette

journée. *Le Havoc* reçut l'ordre de se porter plus loin au nord, vers un point non défendu de la ville où les grandes jonques des Loutchou avaient été remorquées l'avant-veille. Ces jonques furent abordées par le petit navire et successivement incendiées. Quelques obus suffirent pour faire subir le même sort à de grands édifices groupés sur le même point de la ville ; c'était l'arsenal militaire de Satzouma. D'immenses magasins et une fonderie de canons apparurent bientôt en flammes.

La division se trouvait, avant la fin du jour, réunie tout entière sous le rivage de Sakoura-Sima. Le vent continua pendant la nuit du 15 au 16 ; l'un des bâtiments, *le Perseus*, chassant sur ses ancres, quitta le banc et fut un instant compromis. A bord des navires, on pansait les blessés et l'on comptait les pertes : soixante-trois hommes avaient été mis hors de combat ; sur ce chiffre, le bâtiment qui avait le plus souffert, la frégate-amirale, figurait pour la moitié environ. A terre l'incendie, poussé par le vent, s'étendait sur la ville et ses lueurs éclairaient toute la baie.

L'intention de l'amiral Kuper avait été tout d'abord de rester à ce mouillage réparer ses avaries et rétablir son gréement afin d'être prêt pour une nouvelle attaque ou pour reprendre la mer. Toutefois, depuis le jour, et quoiqu'au premier coup d'œil les alentours de la baie parussent désarmés et

déserts, des mouvements nombreux avaient été re-
marqués sur les hauteurs de l'île. Derrière les buis-
sons et les arbres qui entourent ses pentes d'un
épais tapis de verdure, les Japonais, travaillant à
des ouvrages en terre, paraissaient disposer plusieurs batteries, dont le feu eût plongé inopinément
sur la petite flotte, à l'ancre sous l'abri des hauteurs et presque à toucher le rivage. Ces considérations et le peu de sûreté du mouillage pour les
navires en cas de continuation de mauvais temps
décidèrent l'amiral à quitter la place et à se rapprocher de l'entrée de la baie. A trois heures de l'après-
midi, la division mit sous vapeur et se dirigea sur
une file dans la direction du sud.

Pour sortir du canal renfermé entre Sakoura-
Sima et la ville, il fallait passer à portée des batteries
de l'un ou de l'autre bord. L'amiral prit le parti de
longer les premières, qui n'avaient pas été engagées la veille ; et, en effet, à mesure qu'ils défilèrent
devant ces nouveaux ouvrages, moins nombreux
toutefois que ceux de Kagosima, les bâtiments leur
envoyèrent leurs bordées successives. L'ennemi répondit assez faiblement et ne fit pas de mal. Le soir,
la division était mouillée plus près de l'entrée de la
baie, à l'extrémité méridionale de l'île et en dehors
des défenses.

Le 17 août au matin, Kagosima paraissait encore
en flammes. En résumé, le combat du 15 août, en

détruisant les vapeurs et l'arsenal de Satsouma, en répondant vigoureusement au feu de ses batteries, lui avait fait subir de très-sérieux dommages ; mais si la leçon était bonne, elle n'en avait pas moins coûté de grandes pertes aux Anglais ; leurs navires étaient plus ou moins avariés , plusieurs mâts avaient été atteints par les projectiles et la provision de combustible commençait à manquer. Convenait-il, dans ces circonstances, d'attendre sur les lieux l'effet de l'engagement, et des ouvertures pacifiques de la part des Japonais ? Cette éventualité était assurément fort douteuse, et, en cas d'insuccès, la lutte ne pouvait se reprendre avantageusement sans renforts ni ravitaillements. En un mot, pour réclamer à nouveau la satisfaction de leurs demandes et pour se conformer aux termes menaçants de leur ultimatum , les autorités anglaises avaient besoin de détruire entièrement et d'occuper les défenses de Kagosima.

Telles furent, sans doute, les graves considérations qui décidèrent les Anglais à évacuer la baie et à rallier Yokohama. Le chargé d'affaires britannique exprima officiellement au vice-amiral Kuper sa satisfaction pour la vigueur qu'il avait déployée dans les opérations des journées précédentes, et décida qu'il y avait lieu de les suspendre momentanément. Le 17 août, dans la soirée, la division tout entière reprit le large.

CHAPITRE VI

Dans les premiers jours du mois d'août 1863, au
moment où la flotte anglaise se disposait à appareiller pour Kagosima, on avait vu de nombreux
bâtiments à vapeur passer au large de la baie de
Yokohama, se rendant à Yedo. C'était le Taïcoun
qui, s'étant embarqué à Osaka sur ses navires, rentrait dans sa capitale. Que s'était-il passé dans l'entrevue des deux souverains du Japon? Le Mikado
avait-il reconnu les dangers d'une politique agres-

sive, ou bien l'expulsion des étrangers avait-elle été irrévocablement prononcée? Rien de décisif ne fut signifié aux autorités étrangères; mais de fâcheux symptômes se produisirent, et, en définitive, le retour du Taïcoun, annoncé comme devant amener d'heureux résultats pour les Européens, parut influencer en sens contraire la marche des affaires.

Le plus profond mystère entourait les résultats de l'entrevue de Miako. Quelques bruits circulèrent touchant un grand conseil tenu à Yedo, à la suite du retour du Taïcoun, entre les Daïmios, au sujet de l'exécution des décisions récentes de l'autorité suprême du Japon. Dans ce conseil, le prince Owari (le chef d'une des trois familles Gosanké) avait, en s'adressant aux autres Daïmios, proclamé l'appel aux armes, les engageant à cesser l'existence de plaisirs qu'ils menaient depuis de longues années pour se préparer à la guerre, acheter des armes, équiper des soldats et se tenir prêts, *dans cinq ans*, à engager la lutte. Le lendemain, le même discours avait été tenu aux *Hattamottos* rassemblés; puis, quelques jours après, les deux circulaires suivantes avaient été remises aux gouverneurs et chefs de la police pour être portées à la connaissance des habitants de l'Empire :

PREMIÈRE CIRCULAIRE.

A tous les habitants de Yedo et de chaque partie du

Japon, à ceux qui connaissent l'exercice du fusil, le maniement de la lance et du sabre, aux Lônines et aux habitants des montagnes :

S'il y a parmi vous des gens capables de se servir de toutes espèces d'armes, faites vous connaître aux gouverneurs de la police, et ils vous engageront aux conditions suivantes :

Pour les hommes de choix, 400 *itzibous*[1] et 200 sacs de riz par an;

Pour les hommes de second ordre, 200 itzibous et 200 sacs de riz par an ;

Pour tous les autres, 120 itzibous et 70 sacs de riz par an.

DEUXIÈME CIRCULAIRE.

A tous ceux qui sont versés dans l'art de faire des armes, fusils et canons, sabres, lances et tous engins employés dans la guerre :

Si vous voulez venir à nous, vous serez engagés à des conditions très-avantageuses.

A en juger par ces documents, parvenus à notre connaissance par une voie non officielle, le caractère des résolutions arrêtées à Miako ne devait être rien moins que pacifique. La résistance à l'envahissement du Japon par les étrangers, peut-être même leur expulsion totale, avaient été résolues, puisque l'on y annonçait la guerre comme certaine,

---

1. L'*itzibou*, ou plus proprement le *bou* (itzibou veut dire un bou), est une monnaie d'argent alliée à du cuivre, et la plus fréquemment employée au Japon. Sa valeur intrinsèque est le tiers à peu près de la piastre mexicaine.

avec un délai toutefois de cinq années, reportant à 1868 le début des hostilités générales.

Le premier coup de canon tiré par le prince de Nagato, à l'époque même où se terminaient ces conseils, venait corroborer cette conjecture. L'un des Daïmios les plus puissants du Japon n'avait pas craint de devancer à lui seul le terme fixé pour l'appel aux armes, et d'interdire d'une façon brutale l'approche de ses côtes à nos vaisseaux. La chronique publique ajoutait, il est vrai, d'autres détails. Le prince de Nagato, en faisant feu de ses batteries de Simonoseki, n'avait pas eu seulement pour but la fermeture des détroits de la mer Intérieure. Tout en se mettant de la sorte à la tête du parti réactionnaire, il accusait ouvertement le Taïcoun de trahison ou d'impuissance à exécuter les ordres du Mikado; par ses discours, en un mot, comme par l'emploi de la vigueur, il cherchait à faire proclamer sa déchéance pour prendre en ses propres mains l'épée de généralissime. Ses ancêtres avaient autrefois possédé une grande partie du Japon; mais, à la suite de guerres malheureuses contre les Taïcouns et leurs alliés, ils avaient perdu successivement la presque totalité de leur territoire, réduit aux deux provinces que possède aujourd'hui le chef de la famille[1]. Il y avait donc, dans l'adoption par

---

1. Les princes actuels de Nagato descendent du fils cadet d'un

le prince de Nagato de ce hardi plan de conduite, d'une part, la satisfaction d'une haine héréditaire contre les souverains de Yedo, d'autre part, l'espoir de reconquérir l'ancienne puissance de ses aïeux.

Une nouvelle, parvenue de l'intérieur dans le courant d'octobre, parut prouver que ce prince poursuivait l'exécution de ses ambitieux projets. Un corps assez nombreux d'officiers de Nagato avait, disait-on, attaqué près d'Osaka le palais où se trouvait le Mikado, dans le but de s'emparer de sa personne. Après un sanglant combat avec les gardes de l'Empereur, les assaillants avaient été définitivement repoussés. Il est inutile de dire que interrogés par les ministres sur la réalité de ces bruits, les gouverneurs de Yokohama prétendirent qu'ils étaient inexacts; d'après eux une simple attaque

mikado qui régna sur le Japon il y a environ douze siècles. L'apogée de leur puissance se produisit il y a trois cents ans, à la suite de guerres qui firent tomber successivement treize provinces sous l'autorité du chef de la famille, qui fut confirmé par le Mikado dans leur suzeraineté. Le Shogoun Taïko-Sama réduisit ces provinces à dix. Dans la guerre civile qui éclata à sa mort, l'ancêtre des princes actuels de Nagato, ayant pris parti pour le malheureux fils du Taïko, fut complétement battu par l'usurpateur Yyéas, qui lui enleva tous ses domaines; sur la fin de ses jours, en considération de quelques services et de l'antiquité de sa race, ce dernier lui restitua les deux provinces de Nagato et de Soowoo, qui sont restées, depuis deux cents ans, le seul apanage de la famille. Leur revenu annuel est d'environ sept millions de francs.

tentée près de Kioto contre un bureau de collecteur d'impôts, par une bande de Lônines, attaque facilement repoussée avec une perte de quelques hommes, avait donné lieu à cette fable. Un peu plus tard, toutefois, les membres du Gorogio en personne avouèrent aux mêmes ministres la réalité des faits qu'ils avaient eu tout d'abord l'intention de dissimuler [1].

Ces faits, l'appel aux armes répandu par le gouvernement de Yedo dans tout l'Empire, et la non-exécution des promesses de ce gouvernement relativement à la réouverture du détroit de Simonoseki, indiquaient clairement la prédominance, dans les conseils de l'Empire japonais, du parti hostile aux étrangers. Le gouvernement du Taïcoun cédait devant cette prépondérance, soit qu'il fût de compli-

---

1. Des détails sur ces événements nous sont parvenus dans le courant de 1864. Le prince de Nagato avait résolu de s'emparer de la personne du Mikado, espérant ensuite, en le gardant auprès de lui et colorant sa conduite du prétexte d'un danger pour le souverain, se faire conférer le titre qu'il ambitionnait. Il écrivit au Mikado une lettre où, lui parlant des dangers qui menaçaient l'empire, et de la nécessité d'appeler à son secours l'intervention divine, il le conjurait d'aller au temple d'Hatchiman-Sama, prier les mânes de ses ancêtres. Aucun empereur n'avait, disait-il, manqué d'accomplir ce devoir au moins une fois dans son règne. Le Mikado se rendit à cette prière, et quitta son palais de Miako pour se rendre au temple d'Hatchiman, à quelques jours de distance. C'est alors que le prince de Nagato tenta son coup de main, qui fut déjoué par la découverte du complot avant sa mise à exécution.

cité avec ce parti relativement à notre expulsion, soit qu'il n'eût pas assez de pouvoir ou d'énergie pour lui résister. Différents bruits annoncèrent la guerre civile comme ayant éclaté sur divers points. Des rebelles étaient en armes dans la province de Mito. Une batterie située sur l'île d'Avadsi avait tiré, disait-on, sur un vapeur portant le pavillon du Taïcoun.

Depuis le combat de Kagosima, les autorités anglaises n'avaient reçu aucune nouvelle de leur ancien adversaire ; elles ignoraient encore entièrement les effets de leur bombardement et les résolutions qu'il avait pu inspirer au prince de Satzouma. Il ne leur restait donc, en attendant les nouvelles instructions demandées en Europe, qu'à maintenir le *statu quo*. Leur division resta tranquillement mouillée sur rade de Yokohama, à côté de nos navires.

Le commerce continuait dans cette ville, augmentant sensiblement en ce qui concernait l'exportation du coton, mais tendant à décroître progressivement pour l'article de beaucoup le plus important : la soie n'arrivait de Yedo, où elle passe avant d'être portée sur le marché de Yokohama, qu'en quantités de plus en plus restreintes. Lorsqu'un ministre ou un consul se faisait vivement l'interprète des réclamations de la colonie étrangère, un nouvel arrivage apparaissait aux entrepôts de la douane indigène, puis le chiffre des affaires reprenait, après ce temps d'arrêt, sa marche décroissante[1].

1. Le tableau suivant donnera une idée exacte du commerce d'exportation du Japon, depuis l'ouverture du pays. La *saison* y représente le temps écoulé du 1ᵉʳ juillet d'une année au 30 juin de l'année suivante, et correspond aux produits d'une même récolte.

Quantités exportées du port de Yokohama :

Saisons.	En thé.	En coton.	En soie.
1861-62...	5 847 133 liv. angl.	» balles	11 915 balles
1862-63...	5 796 388	9 645	25 891
1863-64...	5 318 123	72 893	15 931

Le thé est un article d'importance secondaire, de qualité très-inférieure à celle du thé chinois; il ne se consomme qu'en Amérique. Le coton a dû sa faveur à la réduction des autres affaires et aux conséquences de la guerre d'Amérique. L'article de beaucoup le plus important est la soie. Chaque balle étant évaluée, achetée sur les lieux, à près de 3000 francs, on arrive, pour la saison de 1862-63, au chiffre de 75 millions sur ce seul article. Dans cette même saison, la Chine n'avait exporté que 33 000 balles, en raison, il est vrai, des effets d'une épidémie sévissant sur les vers à soie: mais enfin on peut déduire de cette comparaison et de ces chiffres l'importance que prend déjà, dans l'extrême Orient, le commerce du Japon. Une grande partie de la soie exportée est destinée à notre industrie lyonnaise, qui la reçoit directement par les paquebots de Marseille, ou par l'intermédiaire des marchés anglais.

Sans les entraves apportées au commerce par le gouvernement japonais en 1863 et 1864, et sans doute aussi les troubles intérieurs du pays, le chiffre de l'exportation dans la dernière saison eût dépassé de beaucoup celui de la saison précédente, au lieu de lui être notablement inférieur.

Une curieuse observation est celle de l'augmentation qu'y a subi successivement le prix de la soie d'année en année. La balle, qui se payait au début 250 à 280 piastres, coûte, à l'heure ou nous rédigeons cette note, de 650 à 680 piastres. Il faut attri-

Il était impossible cependant, d'attribuer ce fameux résultat à la répugnance des producteurs et marchands indigènes pour l'exportation. On sait notoirement que, depuis l'ouverture du Japon, l'industrie de la soie, jadis limitée à la stricte consommation du pays, a été considérablement développée, dans le but de fournir aux immenses débouchés qui se sont ouverts. Mais le gouvernement japonais, ne voulant pas se départir de ses vieilles prérogatives, conserve le monopole du commerce et règle dans tous leurs détails jusqu'aux moindres transactions. Son entremise, toujours obligatoire, introduit dans les affaires des entraves sans fin, et son autorité sans limites lui permet d'arrêter, comme il l'a fait parfois, par le seul effet de son caprice, l'exportation d'un produit.

La bonne impression produite sur les autorités japonaises par l'attitude prise à Yokohama par les commandants des forces militaires allait donc s'affaiblissant de jour en jour. Quelle que fût la cause

buer ce fait, non pas aux droits imposés par le gouvernement local, mais à l'excessive demande du commerce étranger, qui devait bien vite équilibrer les tarifs des marchés japonais avec ceux des marchés d'Europe. L'énorme bénéfice réalisé par les indigènes est en grande partie absorbé par le gouvernement japonais, qui a prohibé la circulation de la monnaie étrangère dans l'intérieur du pays, et qui achète à ses marchands leurs piastres pour les deux tiers de leur valeur intrinsèque, suivant un taux qu'il fixe arbitrairement chaque jour.

de ce changement, les autorités étrangères croyaient toutefois devoir se borner à des protestations. Tel était le sens précis des instructions transmises par les gouvernements à leurs représentants au Japon, instructions dont nous avons déjà fait plus haut l'analyse. Les incidents inattendus qui se produisirent dès le mois d'octobre vinrent démontrer une fois de plus le danger de la politique des concessions, même apparentes, avec un peuple ayant tous les défauts des races orientales, un peuple dont la ligne de conduite a toujours été définissable comme il suit : ne jamais accorder aux étrangers que ce qu'il serait impossible de leur refuser sans amener une rupture complète, se tenir au contraire à l'affût de toute concession, l'accueillir comme une faiblesse et produire immédiatement de nouvelles exigences.

La suite de notre récit nous amène au premier des incidents que nous venons de mentionner.

Les justes craintes suscitées au milieu de la population de Yokohama, en septembre 1862, par le tragique événement du Tokaïdo, s'étaient insensiblement calmées avec le temps. Quand des forces militaires eurent été débarquées pour la protection de la ville, et que les craintes d'une rupture entre l'Angleterre et le gouvernement local eurent été éloignées par le payement de l'indemnité, la confiance revint, et avec elle revinrent les anciennes habitudes de plaisir de la population étrangère. Tous les jours, à l'heure où se terminent les affaires, un flot de piétons et de cavaliers se répandait dans la délicieuse campagne qui entoure Yokohama d'un berceau de verdure. On rencontrait bien parfois, au détour d'un vallon, quelque *Samouraï* armé de ses deux sabres, à la physionomie peu rassurante; mais quel est le danger dont la crainte ne s'affaiblit pas lorsqu'on le brave tous les jours? Il y avait un an que Richardson était tombé, frappé dans des circonstances exceptionnelles; mais, en dehors de la route du Tokaïdo, le grand chemin du Japon, la police du taïcoun ne s'étendait-elle pas comme un réseau sur le pays environnant, prohibant soigneusement l'approche de la ville à ceux qui n'y étaient pas appelés pour leur service? On voyait les gardes et soldats de police, dont l'uniforme était bien connu, occuper de nombreux postes d'observation sur les collines, au bord des routes, à la tête des ponts, et cela tout autour de la ville.

Le 14 octobre 1863, vers quatre heures du soir, le bruit se répand tout à coup, apporté à Yokohama par des Japonais, que le cadavre d'un Européen vient d'être aperçu couché en travers d'un chemin dans la campagne. Le lieu désigné est voisin de pagodes situées à deux kilomètres environ de la ville. Des résidents, des officiers, auxquels s'adjoignent des gardes japonais, s'y portent en toute hâte ; ils trouvent, à l'endroit indiqué, le cadavre mutilé et encore presque chaud d'un officier de notre bataillon d'infanterie légère d'Afrique. Malgré de terribles coups de sabre, dont l'un a presque entièrement divisé le crâne, l'on reconnaît le sous-lieutenant Camus, parti une heure auparavant, à cheval, pour faire sa promenade habituelle. M. Camus est sorti ce jour-là sans le revolver de poche qu'il portait ordinairement. Il est probable, toutefois, que le malheureux officier a été surpris par l'attaque imprévue d'assassins plus ou moins nombreux et que son arme n'eût pu le défendre. Les blessures dont son corps est couvert ont été faites avec ces longs sabres que les Japonais manient si bien. Sa main droite, abattue d'un seul coup, est retrouvée quelques pas plus loin, tenant encore des fragments de rênes. Le cheval, légèrement blessé et couvert de sang, erre à l'aventure à quelque distance. La nature du pays, boisé et entrecoupé de haies vives, a pu permettre aux assassins de se dérober rapidement; personne ne paraît avoir été témoin de l'événement. Mais une seule pensée surgit à la fois dans tous les esprits : le crime a été commis sans provocation; la politique et le fanatisme japonais ont encore fait une nouvelle victime.

Le lendemain soir, le corps du malheureux officier était conduit à sa dernière demeure, accom-

pagné de détachements de soldats de toutes nations,
des résidents, des légations, et de tous les officiers
des forces de mer et de terre réunies à Yokohama.
Ce nombreux et imposant cortége défila lentement
dans les rues de la ville, et, pénétrant dans le cime-
tière européen, put saluer en passant les tombes
qui rappelaient d'autres massacres aussi odieux
que celui de la veille : celles des deux officiers
russes assassinés en 1859, des deux Hollandais
hachés en pièces dans les rues mêmes de Yokohama en 1860, celle de M. Richardson, tombé treize
mois auparavant, jour pour jour; plus loin celles
de deux militaires morts bravement à leur poste,
en juin 1862, lors de la seconde attaque de la légation anglaise. Ils reposaient désormais côte à côte,
sous les grands arbres de la colline d'Omoura, à
l'exception d'un seul. M. Heu-ken, le jeune interprète frappé à Yedo, en 1861, avait été enseveli
dans cette ville, au milieu des jardins de la légation
américaine. Désormais il n'était pas une des nations
admises chez le peuple japonais qui n'eût à reven-
diquer une victime du sauvage orgueil de sa noblesse.

Dès la veille, les autorités françaises avaient mis
le gouvernement japonais en demeure de rechercher
et de livrer les coupables. Cette fois, contrairement
à ce qui avait eu lieu pour Richardson, les circonstances et les causes de l'attentat étaient entourées

du plus profond mystère. S'agissait-il d'une vengeance personnelle? D'après les antécédents et les derniers incidents de la vie de M. Camus, cette supposition était inadmissible. Était-ce un nouveau défi de quelqu'un de ces fiers daïmios prêchant la guerre contre les étrangers; ou bien le gouvernement de Yedo lui-même, après l'insuccès des manœuvres astucieuses destinées à amener l'évacuation de Yokohama, avait-il voulu, en faisant une victime choisie au hasard, pouvoir alléguer un fait sanglant à l'appui de ses assertions menaçantes? Les autorités françaises, en présence de ces suppositions malheureusement impossibles à éclaircir, ne pouvaient que sommer formellement le gouvernement japonais de prouver la loyauté de sa conduite, tout en lui laissant la responsabilité entière de l'attentat. Dès le lendemain, les autorités locales vinrent en personne remettre les premiers rapports de leurs agents de police. Ces documents faisaient savoir qu'un ou deux paysans avaient assisté de loin à la scène du meurtre; trois Samouraï armés de sabres avaient frappé la victime; on les avait vus s'éloigner ensuite rapidement du côté du Tokaïdo. Rien de plus précis ne put être obtenu par la suite; de volumineux dossiers signés d'une armée d'espions firent suivre la trace de ces trois hommes jusqu'à une assez grande distance; puis elle fut perdue subitement. Ces documents étaient-ils apocryphes? Le voisinage du Tokaïdo avait pu favoriser la retraite et assurer l'impunité des assassins dans le cas où ils auraient appartenu à quelque grand personnage stationné à peu de distance. Mais, d'autre part, la police taïcounale, active et nombreuse, étendant ses ramifications en tous lieux et jusqu'au sein des familles, laisse rarement échapper les moindres faits commis dans sa juridiction. — Ceci suffisait pour conserver au gouvernement de Yedo l'entière responsabilité de ce forfait. Telle fut, à chaque assertion des Japonais, la réponse des autorités françaises, et, en attendant une satisfaction nécessaire pour la sécurité des nationaux et l'honneur du pays, l'on eut un paragraphe à ajouter à la liste, déjà si longue, des griefs semblables restés impunis.

Les commandants en chef se réunirent de leur côté en conférence, et décidèrent qu'indépendamment du service de place déjà organisé depuis le mois de juin, il y aurait lieu d'envoyer journellement, dans un rayon de deux ou trois milles autour de Yokohama, des patrouilles destinées à explorer la campagne. Ce service fut réparti entre les détachements des différentes nations casernés dans la ville. Les marins fusiliers de la frégate prussienne *la Gazelle*, arrivée depuis peu sur rade, y prirent également part.

Quelques jours après le triste événement du

14 octobre, se produisit un second incident pour le moins aussi inattendu et aussi inexplicable que le premier. Les représentants des États-Unis et de la Hollande venaient de recevoir du Gorogio l'invitation de venir à Yedo pour y entendre une communication de la plus grande importance : le double message, d'ailleurs, était muet quant au sujet de l'entrevue. Le général Pruyn et M. de Polsbrock, tout en donnant avis à leurs collègues de cette circonstance, crurent devoir se rendre à Yedo. Le jour même, 26 octobre, ils furent admis en présence du Gorogio, réuni dans un grand temple du faubourg de Sinagawa.

Le lendemain, de retour à Yokohama, ils apprenaient aux représentants de France et d'Angleterre que le gouvernement de Yedo leur avait signifié la nécessité de l'évacuation immédiate de Yokohama par les étrangers. Avant d'aborder ce sujet, on leur avait annoncé que la lettre écrite le 24 juin précédent, sous l'administration d'Ongasawara-Dsiousiou-no-Kami, pour notifier l'ordre d'expulsion des étrangers de tout le Japon, était officiellement retirée. Il n'y avait, en définitive, dans cette dernière communication rien de plus qu'une formalité, puisque, dès le premier jour, les fonctionnaires chargés de transmettre cet ordre avaient déclaré que l'on ne songeait nullement à son exécution. Toutefois, après avoir ouvert la séance par cette notification, les ministres du taïcoun, se prévalant de cet acte de bon vouloir, avaient allégué que les graves embarras suscités au Japon par la présence des étrangers rendaient indispensable l'adoption d'importantes modifications ; ils étaient enfin arrivés, après ces préliminaires, au véritable objet de l'entrevue.

« Lorsque des traités furent conclus, dirent-ils, leur premier objet fut d'éviter des complications extérieures, et de faire pacte d'amitié avec différentes puissances ; mais il avait été *sous-entendu* que ces traités ne seraient que des essais, destinés à établir s'il y aurait égal avantage, pour le Japon et les autres parties contractantes, à entretenir des relations commerciales.

« Le Japon a reconnu que cette réciprocité n'existera pas tant que les étrangers resteront à Yokohama. Leur présence dans cette ville doit *infailliblement amener une révolution dont le gouvernement du taïcoun ne pourra pas contenir les effets.* Si les étrangers veulent se contenter des deux ports d'Hakodadé et de Nagasaki, cette révolution n'aura pas lieu ; le commerce et les bonnes relations pourront continuer. »

Ils venaient donc d'avouer ouvertement ce but qu'ils avaient poursuivi depuis trois ans sans succès au moyen de ruses et de menées de toute espèce. Sans doute, on ne pouvait nier que l'introduction de l'élément étranger au Japon n'eût été de nature à y troubler jusqu'à un certain point l'économie commerciale et l'état politique ; mais cette secousse était le résultat inévitable d'une séquestration de trois siècles, qu'ils avaient rompue de leur plein gré et qu'il était désormais impossible de rétablir. Quels étaient ces dangers? où était l'ennemi commun ? C'est ce que se refusaient à dire les nobles membres du Gorogio.

Leurs propres paroles trahissaient leurs desseins secrets. Ils promettaient, après l'évacuation de Yokohama, sécurité, bons rapports et commerce. Mais Hakodadé, situé au nord du Japon, se trouve trop éloigné des centres de production des principaux produits commerciaux ; quant à Nagasaki, la présence des étrangers dans cette ville y aurait les mêmes effets qu'à Yokohama, à moins de les soumettre au régime d'isolement et de vexations qui a rendu l'îlot de Désima tristement célèbre. C'était assurément le but que le gouvernement taïcounal se flattait d'atteindre, employant tour à tour, avec une persévérance tout orientale, la persuasion, les menaces et la secrète protection des assassins. Osaka, Yedo marquaient déjà les étapes de ses progrès dans cette voie ; Yokohama ne serait certainement pas la dernière.

Les représentants des États-Unis et de la Hollande, quoique surpris par ces étranges communications, surent en comprendre immédiatement la portée et y répondirent avec dignité : « Il ne leur appartenait pas, dirent-ils, d'écouter de pareilles propositions, que leurs gouvernements seuls étaient aptes à recevoir. Jusque-là, il était de leur devoir de les considérer comme non avenues. Ils allaient en faire part à leurs collègues de Yokohama, mais pouvaient répondre, dès ce moment, qu'elles auraient auprès d'eux aussi peu de résultats. » Ils se refusèrent formellement à garder auprès des ministres de France et d'Angleterre le secret que réclamaient les membres du Gorogio. Faisant allusion aux troubles agitant le pays, à la guerre civile imminente, le général Pruyn leur fit sentir, en quelques paroles, les dangers de leur politique, et combien, au lieu de se faire auprès des Européens l'organe des factieux, ils feraient mieux de rappeler ces derniers à l'ordre par d'énergiques déclarations et de sévir contre les principaux coupables. Évitant, autant que possible, de répondre à ces insinuations embarrassantes, les ministres japonais insistèrent en vain, à maintes reprises, sur la nécessité de l'abandon de Yokohama, parlant déjà de débattre, comme si la première question eût été admise, le chiffre des indemnités à allouer aux résidents étrangers. Leur dernier mot fut que le refus d'évacuer la ville amènerait une rupture complète.

Le lendemain même de l'entrevue, 27 octobre, MM. de Bellecourt et Neale reçurent à leur tour une convocation identique du Gorogio, les priant de vouloir bien venir à Yedo quatre jours après, assister à un débat auquel étaient conviés également leurs collègues des États-Unis et de la Hollande. Instruits par les incidents de la veille de ce qui les attendait dans cette nouvelle séance, les ministres de France et d'Angleterre se concertèrent pour répondre par un refus formel. Ils ne pouvaient, écrivirent-ils, recevoir verbalement ni discuter une communication concernant l'abandon de Yokohama. Tout ce qu'ils consentaient à faire était de transmettre, sans commentaires, à leurs gouvernements, les propositions écrites qui leur seraient adressées touchant ce sujet ou, en général, toute modification aux traités.

Quelques jours après, le Gorogio écrivit aux ministres pour leur confirmer la déclaration déjà faite dans la conférence de Yedo. Ils demandaient à retirer, comme non avenue, la lettre d'Ongasawara relative à la fermeture générale des ports du Japon. Cette réparation tardive fut portée aussitôt par les ministres à la connaissance de leurs gouvernements respectifs. Quant à la question de l'évacuation de Yokohama, elle en resta là pour le moment ; mais le génie inventif des Japonais ne se tint pas pour battu : sans tarder davantage, ils lancèrent un nou-veau ballon d'essai.

Dans les premiers jours de novembre, les gou-verneurs de Yokohama écrivirent aux amiraux français et anglais chargés de la défense de la ville que « *vu l'extension journalière des relations amicales entre l'Europe et le Japon*, la construction d'un fort et d'une batterie à Bentem (quartier indigène de Yokohama) venait d'être décidée dans un but de protection mutuelle. » Quoique la lettre fût une simple notification, il était du devoir des comman-dants en chef de s'enquérir, en raison du titre même qu'ils tenaient du gouvernement japonais, de l'emplacement de l'ouvrage projeté et de l'op-portunité de sa construction. Or, la lettre d'avis des gouverneurs était énigmatique sur ces deux points. Les amiraux se rendirent donc sur les lieux, ac-compagnés des officiers chargés du service de la place, après y avoir appelé les autorités japonaises.

Yokohama, nous l'avons dit, s'élève sur les con-fins d'un marais, faisant face à peu près à l'est et s'appuyant, au nord et au sud, sur une double rangée de collines. Celles du nord, contiguës au quartier japonais dont le canal de circonvallation seul les sépare, sont occupées par les gouverneurs et une partie des troupes japonaises. Le reste de ces troupes habite des casernes à l'extrémité du quar-tier indigène, au bord de la mer. C'est devant ces casernes que se trouvait tracé l'emplacement de la future batterie.

On ne pouvait admettre que cet ouvrage eût pour but la protection de la ville ou du mouillage. A part les châteaux forts qui servent, depuis des siècles, de résidences à leurs daïmios, les Japonais n'ont pas l'habitude de fortifier leurs villes; les batteries qu'ils ont construites depuis peu d'années défendent toutes soit un mouillage, soit un détroit, construites qu'elles sont en vue de s'opposer, en cas de guerre, à l'approche de leurs côtes par les vaisseaux des étrangers. La batterie de Bentem ne pouvait avoir cette destination. Faisant face au mouillage des bâtiments de guerre et de commerce, elle ne pouvait, en cas d'une attaque par mer, que faire feu sur les navires à l'ancre. N'étant pas placé de façon à défendre les approches de la rade à l'ennemi supposé, l'ouvrage n'avait non plus aucune efficacité contre une attaque venant de l'intérieur.

Si l'on se place au point de vue du droit des gens en général, toute nation peut incontestablement ériger sur ses propres côtes les fortifications qu'elle juge convenable d'y établir. Mais dans le cas qui nous occupe, le projet du gouvernement japonais coïncidait avec des symptômes alarmants. La veille, il avait menacé des plus grands dangers ceux qui se refuseraient à évacuer Yokohama dans un court délai. La batterie de Bentem deviendrait un sérieux argument le jour où ces dangers paraîtraient imminents, et, à la moindre alerte, l'on verrait la flotte des bâtiments de commerce réduite à quitter la baie pour se mettre hors de la portée de ses canons. Il importait donc de s'opposer à l'exécution de cet ouvrage ; lors même que les secrets desseins des Japonais n'eussent rien contenu d'hostile, le travail était pour le moins inutile. Aussi, après s'être concertés, les amiraux français et anglais écrivirent-ils officiellement, le 6 novembre, aux autorités locales, que tant que le mandat qu'ils avaient reçu du Gorogio, relativement à la protection de la ville, ne leur serait pas retiré, ils s'opposeraient à la construction de la batterie. En cas de continuation des travaux, ils feraient occuper le terrain par leurs troupes. Le gouverneur de Yokohama répondit qu'il n'avait pas le pouvoir de modifier les ordres reçus sans une décision supérieure ; toutefois la construction de la batterie ne fut pas entreprise, et, six semaines plus tard, le Gorogio adressa au ministre de France une lettre qui, sans donner les raisons du projet primitif, assurait qu'il était définitivement abandonné. Telle fut l'heureuse issue de cet incident qui servit à prouver, une fois de plus, aux Japonais, les intentions bien arrêtées des étrangers relativement au maintien de leur établissement de Yokohama.

C'est à la suite de cet incident, après avoir vu échouer successivement la persuasion et la menace, que les Japonais parurent songer à envoyer des ambassadeurs en Europe. Déjà, en 1862, pareille mesure leur avait réussi pleinement. Accueillis avec bienveillance par les cours étrangères, les ambassadeurs avaient obtenu sans difficulté l'ajournement de l'ouverture d'Osaka, Hiogo et Neegata. Ils songèrent donc, avec une confiance assez naïve dans le succès, à charger de nouveaux envoyés d'aller demander à tous les gouvernements représentés au Japon les nouvelles concessions qu'ils convoitaient et régler les difficultés pendantes.

Les recherches faites sur l'injonction des autorités françaises pour découvrir les assassins de M. Camus n'avaient rien produit de nouveau. Ces dernières attendaient donc toujours une réparation nécessaire. A cette cause de dissidence entre les deux gouvernements, il fallait ajouter l'attaque imprévue du Kien-chan par les batteries de Simonoseki. En sa qualité de chef du gouvernement du Japon, le taïcoun en était responsable. L'admission même de son innocence en cette cause était toute gratuite de notre part, et, depuis lors, la question de la réouverture du détroit n'avait pas fait un pas. Le gouvernement de Yedo, avant de solliciter des concessions, devait donner satisfaction sur ces deux griefs à la France. C'est pourquoi, sans doute, il résolut d'envoyer tout d'abord son ambassade à Paris : les premières ouvertures relatives à cette mesure furent faites auprès de M. de Bellecourt.

Ceci se passait dans les premiers jours de décembre. L'avis fut donné bientôt aux autorités françaises qu'elles recevraient la visite de deux vice-ministres daïmios et membres du deuxième conseil, chargés, comme attachés au service des relations extérieures, de discuter avec elles la question de l'envoi d'une ambassade en France.

Les deux personnages se rendirent à bord de la *Sémiramis*. Au Japon, un noble ne sort jamais de chez lui, en visite, en service, ou en affaires, sans être accompagné de la suite encombrante qu'exige le cérémonial. S'il est daïmio, de nombreux officiers entourent, précèdent et suivent son norimon. Devant marchent deux crieurs qui font écarter le peuple et le préviennent qu'il ait à se prosterner ; puis des soldats armés de lances dont le fer est soigneusement recouvert d'étuis en bois laqué, d'autres portant au sommet de longues piques des emblèmes de différentes sortes, étendards, panaches de plumes, ornements en métal, indiquant le rang, les dignités et les armes du maître. Devant son norimon deux Tétos conduisent son cheval richement caparaçonné ; puis s'avance le norimon avec des officiers se tenant aux portières. Derrière, les membres de sa famille, d'autres officiers et soldats armés de sabres, d'arcs, de fusils ou de lances, puis enfin une longue file de serviteurs et de coulies, portant les bagages dans des caisses carrées en laque noire aux armes du propriétaire, ferment la marche de cet inévitable cortége.

Au jour annoncé, les deux daïmios, partis le matin de Yedo, ne voulurent pas s'engager avec toute cette suite au milieu de la population mixte de Yokohama. Descendant de leurs norimons à Kanagawa, près de l'endroit où il leur eût fallu quitter le Tokaïdo, ils prirent place avec leur suite dans de grandes barques indigènes. Les gouverneurs de Yokohama s'étaient déjà rendus à bord de la frégate; ils reçurent à l'échelle, en même temps que les officiers de service, et avec de grandes marques de respect, les deux daïmios qui, pour la première fois sans doute, mettaient le pied sur un navire de guerre européen. Rien, dans leur extérieur, n'indiquait leur rang élevé, si ce n'est la simplicité apparente de vêtements qu'il est de bon goût, dans les hautes classes, de porter d'une couleur très-peu voyante, quoique l'étoffe en soit d'un grand prix, si ce n'est encore cette aisance de manières et cette politesse pleine de dignité qu'ils possèdent plus que tout autre peuple oriental. L'amiral Jaurès les introduisit dans ses appartements, où se trouvait, depuis un moment, le ministre de France; puis, après l'échange de quelques compliments, le vice-ministre Inaba-Iobouzeno aborda le sujet de l'entrevue, sans paraître tenir compte de la présence de son collègue Tachibana-Idzoumi-no-Kami, jeune homme à figure distinguée, qui sans doute remplissait en cette circonstance l'emploi inévitable de contrôleur ou *ometské*.

Le vice-ministre reprit tout d'abord les considérations développées par les membres du Gorogio dans la séance où ils avaient reçu les représentants des États-Unis et de la Hollande : « Les traités n'étaient qu'un essai; leur application avait suscité de graves embarras au Japon.... » Arrêté par le ministre de France sur le terrain d'une discussion pour laquelle celui-ci avait déjà formulé son incompétence, le vice-ministre arriva immédiatement au sujet de l'entrevue : « Le gouvernement japonais désirait envoyer une ambassade en France. Son premier objet serait de présenter les excuses du taïcoun à l'empereur au sujet de deux événements qu'il n'avait pu malheureusement prévenir : l'attaque faite sur un de ses bâtiments et le meurtre d'un officier français; puis elle s'occuperait du règlement des difficultés occasionnées par l'exécution des traités. »

Les autorités françaises s'engagèrent à appuyer une mission qui se présentait sous ces auspices, et à faciliter son départ; elles mirent toutefois à cet appui quelques conditions indispensables : le chef de l'ambassade devrait être porteur d'une lettre autographe adressée par le taïcoun à Sa Majesté l'empereur; il serait choisi parmi les Japonais de haut rang et devrait être muni de pleins pouvoirs, contrairement à ce qui avait eu lieu en 1862. Le premier point surtout importait, leur fut-il spécifié; car la fâcheuse impression causée en France par le meurtre du sous-lieutenant Camus ne pouvait, à défaut de la saisie des coupables, s'effacer que sous la marque officielle des plus vifs regrets du gouvernement de Yedo. L'expression des ces regrets devait être, en effet, dans l'esprit des autorités françaises, le véritable but de l'ambassade, quoi qu'elles pussent supposer de ses desseins secrets.

Les deux vice-ministres déclarèrent qu'ils rendraient compte aux chefs de leurs gouvernements de ces conditions, qui leur paraissaient équitables; puis, comme d'ordinaire, ils terminèrent l'entrevue par une visite minutieuse de la frégate. Les Japonais ne possèdent pas de bâtiments de guerre proprement dits[1]; l'examen des divers aménagements du navire, et principalement la structure et la manœuvre des pièces rayées de gros calibre et des canons de quatre, parurent les intéresser vivement. Ils reprirent dans leur convoi de bateaux la route

---

1. A l'heure qu'il est, le gouvernement de Yedo fait construire en Europe plusieurs corvettes de guerre, dont une à batterie blindée.

de Kanagawa, après avoir promis de revenir dans un court délai.

Pendant que se préparait, de la sorte, une solution des difficultés pendantes entre le Japon et la France, la situation avait pris également, du côté des Anglais, un nouvel aspect. Depuis le retour de Kagosima des forces britanniques, rien encore n'était venu donner des éclaircissements sur le résultat de cette affaire, sur les intentions du prince de Satzouma et celles du gouvernement du taïcoun en cas de la reprise du conflit. Or, à l'heure où le gouvernement anglais écrivait à son agent à Yokohama de ne pas donner suite à l'ultimatum signifié une première fois avec si peu de succès, à maintenir le *statu quo* et à indemniser les victimes de l'attentat Richardson avec 25 000 livres prélevées sur les 100 000 payées par le taïcoun, à ce même moment le bruit se répandait à Yokohama que des officiers du prince de Satzouma, porteurs de propositions de leur maître, venaient d'arriver à Yedo. Le jour même, quelques heures après. ces officiers avaient paru à la porte de la légation britannique, conduits par un délégué du gouverneur. Le colonel Neale avait consenti à leur accorder pour le lendemain, 9 novembre, une conférence officielle.

La conférence avait eu lieu au jour dit, une seconde le 14 novembre, puis, pendant un long in-

tervalle, on n'avait plus reçu de nouvelles des
officiers de Satzouma, personne ne les avait aperçus. Dans la première de ces entrevues, les envoyés
avaient expliqué les motifs de leur agression contre
la flotte anglaise : le prince, prenant la confiscation
de ses navires pour les débuts d'une attaque en
règle et non pour une mesure provisoire destinée
à hâter ses résolutions, avait fait ouvrir le feu. La
ville et ses bâtiments avaient été détruits; il pouvait, à ce titre, réclamer de son côté une indemnité
du gouvernement anglais. Ce début peu encoura-
geant n'était toutefois que l'application du système
habituel aux diplomates japonais : exiger l'impossible pour paraître ensuite faire des concessions.
A la seconde séance, pressés par le ministre d'Angleterre, les envoyés avaient déclaré reconnaître la
justesse des demandes de l'Angleterre, et promis la
recherche active des coupables du meurtre de
Richardson et le payement immédiat de 25000 livres. Près d'un mois s'était écoulé sur cette promesse formelle, sans qu'elle eût encore reçu le
moindre commencement d'exécution, sans que les
envoyés eussent donné signe de vie, lorsqu'enfin,
le 11 décembre, ces derniers reparurent à Yokohama, et se présentèrent aussitôt à la légation anglaise, apportant en dollards mexicains le montant
total de l'indemnité. Le payement eut lieu immédiatement, et les officiers de Satzouma, une fois

les affaires ainsi terminées, montrèrent, dans leurs manières et leur conversation avec les autorités anglaises, la plus grande affabilité. Ils donnèrent des détails sur le combat de Kagosima : la ville avait beaucoup souffert, leurs pertes en hommes, parmi lesquels neuf officiers, avaient été très-supérieures à celles de la flotte anglaise. Les envoyés allèrent visiter une des corvettes mouillées sur rade et témoignèrent le désir d'avoir un bâtiment appartenant à cette catégorie; « mais, ajoutèrent-ils, le taïcoun ne permettrait pas à leur maître d'acquérir une aussi puissante machine de guerre. » Cette curieuse observation, jointe à quelques autres que nous avons pu faire, dans des circonstances analogues, auprès d'officiers de daïmios, est tout une révélation de la politique des taïcouns. Fidèles au mot d'ordre des anciens souverains de Yedo, les descendants actuels d'Yyéas poursuivent avec persévérance l'abaissement de la vieille noblesse japonaise et la division de ses forces qui rend de plus en plus chimériques ses dernières aspirations d'indépendance. Sans avoir appelé les étrangers, le gouvernement de Yedo cherche donc à mettre à profit ses nouvelles relations; il apprend des Européens l'art moderne de la guerre, et, avec le plus grand soin, accapare les bénéfices énormes d'un commerce qu'il administre à son gré. Il est fort probable qu'en ces circonstances, le gouvernement du taïcoun avait craint qu'une nouvelle collision entre les Anglais et le prince de Satzouma n'amenât ce dernier à leur accorder accès dans ses ports; préoccupé des conséquences de cet événement possible, il avait poussé ou contraint le prince de Satzouma à entrer, sans plus attendre, en accommodement avec les autorités britanniques; non content de se faire le conciliateur, il avait peut-être même avancé le montant de l'indemnité. Ce fut à ce moment l'opinion de beaucoup de personnes, et le fait se trouva confirmé par la suite.

Au commencement de l'année 1864, le gouvernement de Yedo fit savoir que l'ambassade était définitivement organisée. Deux fonctionnaires supérieurs des affaires étrangères, Ikeda-tsikougo-no-Kami et Kawadzou-Idzou-no-Kami, et l'o-metske Kowada-Kwan-no-She, étaient désignés pour chefs de la mission, composée d'une suite nombreuse d'officiers et d'interprètes. Les deux vice-ministres déjà venus à bord de *la Sémiramis* se présentèrent chez les chefs des diverses légations, l'ambassade ayant le dessein de visiter les différentes cours de l'Europe, et peut-être même les États-Unis. Une somme de près de cinq millions de francs fut échangée chez un banquier de Yokohama contre des traites sur Londres, destinées à subvenir à ses frais de voyage et de séjour.

Comme preuve de pacifiques intentions, et sans

doute pour ouvrir des voies plus faciles à la mission qui s'inaugurait, le gouvernement japonais fit coïncider avec ces événements une décision intéressant notre commerce. Les droits considérables qui pesaient à l'entrée sur nos principaux articles d'exportation furent abaissés jusqu'à cinq et six pour cent. Cette mesure, promise dès 1862 par la première ambassade, était en vain réclamée depuis lors par notre ministre.

Le 5 février, les ambassadeurs et leur suite s'embarquèrent sur la corvette de notre division navale *le Monge*, en partance pour Shanghaï, où leur passage sur le paquebot des Messageries impériales avait été retenu pour le départ du même mois. Le pavillon japonais, arboré au grand mât du bâtiment, fut salué de dix-sept coups de canon que le fort de Kanagawa rendit immédiatement en hissant nos couleurs ; puis la corvette prit la route du large.

Au même moment, le taïcoun quittait de nouveau sa capitale, se rendant une seconde fois à Kioto pour discuter, devant l'assemblée des daïmios de l'empire, la grave question des étrangers. On put donc espérer qu'à la suite de cette double démarche, la situation des étrangers au Japon, si précaire, si grosse d'orages depuis son début, allait enfin entrer dans une phase plus heureuse. En attendant les résultats, quels qu'ils fussent, de la nouvelle ambassade qui paraissait devoir employer plus d'une année à remplir sa mission , une sorte de convention tacite assurait le maintien de toutes choses dans l'état où elle les laissait. Le commerce lui-même semblait en avoir ressenti une légère impulsion , et l'envoyé plénipotentiaire de S. M. le roi de Prusse venait enfin , après de longs pourparlers , d'obtenir la ratification d'un traité semblable à ceux de 1858. — En présence de cette situation pacifique, le commandant en chef de notre division navale n'hésita plus à quitter momentanément le Japon pour se rendre en Chine, où diverses circonstances rendaient sa présence utile, et nous appareillâmes, le 11 mars au matin, de Yokohama, pour une tournée sur les côtes du Tchékiang et dans le Petchéli.

CHAPITRE VII.

La frégate *la Sémiramis*, après une tournée de trois mois sur les côtes de Chine, revint jeter l'ancre en rade de Yokohama, le 24 juin 1864. — Les circonstances n'étaient plus les mêmes que l'année précédente à pareille époque. Nous retrouvions la ville parfaitement calme et en apparence à l'abri de tous dangers. — *Le Dupleix* et une petite garnison de fusiliers marins y avaient temporairement représenté le drapeau français, tandis que la division anglaise continuait de stationner dans la baie. — Les résidents étaient donc fort tranquilles et ne se plaignaient que du ralentissement graduel du commerce ; une puissance occulte, mais que chacun devinait être la volonté du gouvernement japonais, semblait paralyser leurs efforts. — Indépendamment, toutefois, de ce symptôme fâcheux, les agitations intérieures du pays préparaient à leur insu des événements plus graves. La scission du Japon en deux camps ennemis faisait des progrès, et le triomphe de l'un des partis, de celui qui avait pris pour devise l'expulsion des étrangers, serait suivi nécessairement d'une catastrophe.

Au commencement du mois de mars 1864, le ministre de Sa Majesté britannique, sir Rutherford-Alcock, était venu reprendre son poste, que le colonel Saint-John Neale avait occupé à titre provisoire pendant deux années. Après s'être jadis éloigné sous l'impression de fâcheuses circonstances, il dut reconnaître avec regret que pendant son absence la situation ne s'était guère améliorée. Le commerce anglais se plaignait beaucoup de la stagnation des affaires ; les autorités japonaises n'avaient à la bouche que le mot d'évacuation ; les nouvelles recueillies sur les troubles intérieurs du pays étaient d'un fâcheux caractère. Aussi, peu de jours après son retour, le représentant d'Angleterre avait-il adressé à ses collègues une circulaire dans laquelle

il s'étendait longuement sur les résultats négatifs
de la politique de temporisation suivie jusqu'alors
et jadis recommandée par lui-même ; il remettait
sur le tapis la question, déjà débattue l'année précédente par les autorités étrangères, puis ajournée,
d'une opération contre le détroit de Simonoseki,
toujours fermé par les canons du prince rebelle.
A cette communication, le ministre d'Amérique
avait répondu en accordant sans réserve l'appui
moral et même matériel que réclamait son collègue. L'agent de la Hollande avait été plus loin
encore, en annonçant que son gouvernement le
poussait dans cette voie : trois corvettes de guerre
avaient été dirigées des Indes néerlandaises sur le
Japon, pour tirer satisfaction de l'agression commise
contre *la Méduse*. Il était recommandé au commandant de la division de s'entendre avec ceux des autres
forces navales présentes au Japon, celles-ci devant,
d'après le bruit public, opérer contre les défenses
du détroit de Simonoseki. M. de Bellecourt, appelé
à rentrer en France après un long séjour dans
l'extrême Orient, attendait d'un moment à l'autre
son successeur. Notre nouveau ministre, M. Léon
Roches, arrivant sur ces entrefaites, fit savoir à sir
Rutherford-Alcock qu'il désirait, avant de se prononcer, se rendre compte par lui-même de la situation, mais que les instructions de son gouvernement l'empêcheraient sans doute de promettre

autre chose que l'appui moral de la France à l'entreprise projetée ; en attendant, il allait réclamer des membres du Gorogio, et dans l'enceinte de Yedo même, l'entrevue nécessaire à la réception de ses lettres de crédit.

L'entrevue ne fut accordée qu'après des pourparlers sans fin. M. Duchesne de Bellecourt et M. Roches prirent passage, avec le personnel de la légation, sur la corvette *le Dupleix*, qui vint mouiller en rade de Yedo. La réception eut lieu dans l'enceinte des réunions du conseil, avec le cérémonial habituel. Après les présentations, toutefois, et malgré la convention faite d'avance que la séance se bornerait à la réception pure et simple de notre nouveau représentant, le ministre des affaires étrangères au Japon entama un discours long et diffus, une sorte de litanie dont les périodes se devineront facilement lorsqu'on saura qu'elles avaient pour refrain la nécessité d'une évacuation immédiate de Yokohama. La menace et l'impertinence se succédaient depuis quelques moments dans le langage du vice-ministre, lorsque le ministre de France, interrompant l'orateur, crut devoir lui fermer la bouche par quelques paroles : la discussion d'un pareil sujet devant lui était une injure, la persistance du gouvernement de Yedo dans ce dessein amènerait la France à sévir par les armes. L'air arrogant du daïmio fit place aussitôt aux façons les plus obséquieuses. Des compliments furent échangés, et l'on se sépara quelques moments après en apparence dans les meilleurs termes.

A quelques jours de là, le 30 mars, les représentants étrangers s'assemblaient à Yokohama sous l'impression de ces derniers incidents et des récentes nouvelles arrivées de l'intérieur.

Le rôle du prince de Nagato dans les agitations intestines du Japon paraissait être plus important qu'on ne l'avait cru tout d'abord. Parvenu à une haute faveur auprès de la cour de Kioto, au moyen d'intrigues, de sommes d'argent, et grâce aussi à sa vieille réputation de patriotisme, le prince était, au commencement de 1863, arrivé à ses fins : il obtenait un décret d'expulsion contre les étrangers, et en même temps pour lui le titre de *défenseur du pays*, avec la tâche de faire exécuter le décret. Ces résolutions avaient été prises malgré les efforts de la cour de Yedo, malgré ceux des daïmios qui, sans même être les alliés de cette cour ni les amis des étrangers, envisageaient avec plus ou moins de crainte les conséquences, faciles à prévoir, de cette politique désespérée. — Le taïcoun avait été mandé à cette époque à Kioto pour expliquer sa conduite ; il y avait couru de grands dangers, dont ses partisans l'avaient garanti à grande peine ; mais son pouvoir chancelant ne semblait plus attendre qu'un choc pour s'écrouler. — Un complot, dont Nagato était l'organisateur, avait même failli faire tomber entre les mains de ce dernier la personne du mikado. — Les circonstances de ce complot étaient racontées ainsi qu'il suit :

« Le 5 de la 6e lune japonaise, le daïmio de Nagato se rendit en grande pompe au palais pour remercier le mikado du nouveau titre qu'il venait de recevoir : « Mais, ajouta-« t-il, si le ciel ne m'assiste, si tous nos glorieux dieux, « vos ancêtres, ne sont avec nous, la magie des étrangers « vaincra notre courage. J'ai donc résolu d'aller offrir mes « prières à *Kamo* (tombeau et temple des ancêtres du mi-« kado, éloigné de 20 à 30 ris de Miako). Mais que suis-je, « moi, pour oser troubler vos ancêtres dans le repos? Vous « n'ignorez pas, d'ailleurs, que vos prédécesseurs faisaient « un pèlerinage à Kamo au moins une fois dans leur vie. « Or quelle belle occasion pour vous de visiter vos ancêtres « et pour eux de délivrer le Japon de la peste des étrangers « qui sont venus s'y installer. » Le pèlerinage fut résolu, et Nagato avait donné à l'un de ses agents l'ordre de brûler le palais avec toutes ses dépendances pendant l'absence du mikado. Le prince espérait ainsi forcer le mikado à accepter à son retour l'hospitalité dans son propre palais et lui arracher à cette occasion le titre de *taïcoun* tant convoité.

« Tous les préparatifs de voyage étaient terminés, lorsque le représentant de Aïtzou, chargé de la garde de la porte du Nord, découvrit le complot, qui dès lors devint impossible à exécuter. »

Pour éviter le mauvais effet de la publication de cet audacieux attentat, le mikado avait feint de tout ignorer, et pressé Nagato, qu'il redoutait, de s'é-

loigner de Miako. — Nagato avait cru pouvoir faire
oublier cette honteuse comédie en exécutant un
brillant coup de main contre les étrangers ; il avait
fait tirer, de ses batteries de Simonoseki, sur les
navires de diverses nations (juillet 1863). Ses bulle-
tins de victoires n'avaient eu aucun succès. — L'arrivée de troupes taïcounales avait alors permis d'intimider ses partisans et de leur faire abandonner
Miako, dont la garde avait été remise à plusieurs
autres daïmios plus sûrs.

L'éloignement momentané du prince de Nagato et
de ses partisans avait facilité le retour du taïcoun
dans sa capitale ; il y était rentré sain et sauf; mais
la situation des étrangers, même en admettant le
bon vouloir du gouvernement de Yedo à leur égard,
se ressentait nécessairement de son abaissement.

Le gouvernement de Yedo, dans ces temps difficiles, avait joué un double rôle : acceptant en apparence la mission dont le pays le chargeait par la
voix du mikado, promettant, pour sauver son existence, d'arriver à dompter les étrangers envahis-
seurs, il accédait en même temps aux demandes
d'indemnité de l'Angleterre, remettait en quelque
sorte Yokohama entre les mains des commandants
des forces étrangères, et, tout en publiant le décret
d'expulsion, déclarait en secret qu'il ne serait pas
exécuté. Les événements que nous venons de résumer se passaient dans l'été de 1863 ; depuis cette

époque, l'affaiblissement de son prestige ou de sa bonne volonté s'était traduit par des symptômes alarmants. Sentant la nécessité d'être définitivement fixés sur ses résolutions, les ministres s'entendirent pour lui adresser chacun, à la suite de leur conférence, une note identique. Rappelant d'abord ce gouvernement à la satisfaction des demandes de leurs prédécesseurs, restées sans réponse depuis le mois de juillet 1863, la note exigeait des explications définitives, et de plus le retrait formel de la demande d'évacuation de Yokohama.

Comme il était probable que cette tentative de conciliation n'aurait pas un meilleur effet que les précédentes, sir R. Alcock se préoccupa en même temps d'assurer l'exécution des résolutions déjà presque convenues. Il fit venir de Hong-kong à Yokohama le 20ᵉ régiment de ligne que le gouvernement britannique avait mis à sa disposition pour le cas où la gravité des événements motiverait son envoi au Japon. A cette même époque, un bataillon de soldats de marine, demandé dès l'année précédente par le vice-amiral Kuper, venait d'arriver sur le vaisseau *le Conqueror*, après avoir été dirigé un moment sur la Nouvelle-Zélande.

Les nouvelles arrivaient cependant de l'intérieur du pays de plus en plus alarmantes. Appelé une seconde fois à Kioto au commencement de 1864, le taïcoun avait été reçu, dans ce pays où l'étiquette règne en souveraine, avec les honneurs à peine suffisants pour un petit daïmio, c'est-à-dire d'une façon presque insultante pour un homme de son rang. Puis, dans les discussions qui avaient suivi, les conseils des ennemis des étrangers paraissaient avoir prévalu. En vain quelques princes puissants, parmi lesquels on citait Satzouma et Etsizen, avaient-ils plaidé plus ou moins ouvertement leur cause en prêchant la temporisation. Une résolution avait été prise : Yokohama devait être évacué de gré ou de force à la fin de l'année. Les armements devaient être poussés avec vigueur, et Stotsbachi avait été nommé commandant en chef d'Osaka (le principal boulevard de la province de Miako) et du littoral du pays. Le prince de Nagato ne jouissait plus, depuis ses tentatives audacieuses, du même crédit à la cour du mikado, mais le feu qu'il avait allumé paraissait gagner de toutes parts; deux foyers d'insurrection se développaient dans l'empire, servant de refuge à tous les gens tarés, aux lônines, aux officiers sans maître : l'un dans les domaines du daïmio qui les appelait, l'autre dans la grande province de Yamato, située au nord de Yedo. De ce côté, les lônines, comme on les nommait, s'avançaient peu à peu sur la ville; après avoir ravagé la province, ils venaient impunément jusque dans Yedo, levant des contributions à l'aide de menaces et mettant secrètement à mort les marchands ou les amis supposés des étrangers, qu'on trouvait au jour assassinés dans leurs demeures. Ces exécutions, qui restaient impunies, répandaient l'effroi; le gouvernement du taïcoun, incapable de rien faire contre cette anarchie, semblait près de succomber. Ses réponses évasives à la dernière communication des ministres furent une véritable déclaration d'impuissance, que tout à ce moment paraissait justifier.

Ces nouvelles décidèrent les représentants des puissances étrangères à persévérer dans la voie que sir R. Alcock avait indiquée quelques mois auparavant. Au lieu de laisser s'écrouler le seul pouvoir avec lequel nous eussions des engagements, au lieu d'attendre tranquillement à Yokohama l'irruption du courant que rien alors ne retiendrait plus, il fallait, par un acte de vigueur, intimider l'ennemi commun du taïcoun et des étrangers, lui montrer la véritable supériorité des Européens, et détacher ainsi de sa cause les princes tenus dans l'indécision par notre faiblesse supposée, où l'on pouvait voir une arrière-pensée d'abandon. S'il ne fallait pas rester sur la défensive, il était également dangereux d'unir les forces étrangères à celles de taïcoun : c'eût été le compromettre irrévocablement vis-à-vis du patriotisme orgueilleux de la nation. La mesure la plus naturelle était donc une opération contre les défenses du détroit de Simonoseki, en tant que les commandants en chef admettraient cette mesure comme praticable. Telle fut la conclusion du *memorandum* rédigé par les ministres, le 22 juillet 1864, pour servir de base à leur ligne de conduite définitive : « Nous reconnaissons, disait en outre ce *memorandum*, la nécessité de consacrer la solidarité de nos intérêts par une entente cordiale fondée sur la communauté de vues et l'unité d'action. » Le ministre de France, en effet, s'était peu à peu rallié sans réserve à la façon de voir de sir R. Alcock. Quant aux commandants en chef des forces de la France et de l'Angleterre, moins pressés de mettre à exécution un programme trop en désaccord avec les instructions formelles de leurs gouvernements, ils avaient tout d'abord à songer à la sécurité de Yokohama, qu'il faudrait en partie dégarnir; investis de la protection de cette ville, et reconnaissant la nécessité de protéger avant tout le point où étaient accumulés tous les intérêts, ils attendaient, avant de prendre une décision à cet égard, des nouvelles définitives de l'accueil fait en Europe aux propositions portées par les ambassadeurs du taïcoun [1].

Au moment où ces questions s'agitaient au sein de la réunion des autorités étrangères, d'importants événements se passaient à Yedo. A la suite d'une tentative d'empoisonnement sur la personne du taï-

1. Les derniers courriers avaient déjà fait pressentir aux autorités françaises le refus opposé par leur gouvernement à la demande de fermeture de Yokohama.

coun, un changement s'était tout à coup opéré dans la composition de son entourage. Une sorte de révolution du palais avait brusquement éloigné des conseils les hommes ennemis des étrangers; des daïmios dévoués sincèrement aux véritables intérêts du gouvernement les avaient remplacés. Une circulaire annonçant ces graves mesures et que nous croyons devoir reproduire, venait d'être envoyée après ces événements par le taïcoun aux daïmios dont les résidences entourent son palais de Yedo.

« Notre cœur s'est ému des craintes et des frayeurs du peuple. Nous ne pouvons pas dire que ces craintes et ces frayeurs aient été vaines. Si les dieux kamis ne protégeaient pas le Japon, Yedo aurait pu être brûlée et voir ses habitants dispersés. Que la facilité avec laquelle nous sommes sortis du danger donne de la confiance au peuple pour tous les dangers de l'avenir !

« Depuis que le ciel et le mikado m'ont confié le gouvernement de l'empire, que n'ai-je pas fait pour satisfaire tout le monde? N'ai-je pas rendu les voyages des daïmios à Yedo plus rares et plus faciles? N'ai-je pas donné l'exemple des économies? N'ai-je pas fait deux voyages à Kioto, en moins de douze mois, pour m'entendre avec le mikado et les daïmios sur les moyens de rendre le Japon fort et prospère?

« La raison exigeait qu'on me tînt compte de mes efforts, de mes anxiétés pour le pays. Si l'expulsion des étrangers par la guerre était chose si facile, au lieu de m'exposer à tant de trouble de tout genre, pourquoi ne l'entreprendrais-je pas? On invoque toujours la volonté du mikado; mais cette volonté ne peut être que conditionnelle. Le mikado n'a pas oublié que mes ancêtres ont autrefois chassé les étrangers du Japon et exterminé leurs partisans contre la volonté d'un très-grand nombre de daïmios. Le mikado ne veut pas de calamités pour le pays; on a pu surprendre son esprit par des mensonges, mais jamais son grand cœur.

« Il semblait naturel d'espérer que mon retour à Yedo donnerait une plus grande unité aux membres du gouvernement, et que je serais soutenu et encouragé par eux contre des aspirations et des entraînements inintelligents. Au contraire, mon retour a été le prétexte d'un grand mal, qui révèle aux hommes amis du trouble des faiblesses et des dangers.

« A l'occasion de certaines explications demandées par le mikado, explications mal comprises, plusieurs hauts officiers ont voulu sortir de leur rang, et, interprétant mal le cœur du mikado, ont dépassé ses intentions. Ils ont attaqué non-seulement ma prudence, qu'ils ont appelée les uns trahison, les autres lâcheté, mais ils ont voulu même s'attaquer à ma personne, montrant par là que ce n'était pas le zèle seul contre l'étranger qui les faisait agir, mais le zèle d'une ambition mal réglée.

« On a voulu même associer les *lônines* aux troubles du gouvernement. Ce n'est pas assez que la cause soit bonne, il faut encore la défendre convenablement. Si un daïmio, sans s'être entendu avec le gouvernement, commence la guerre contre l'étranger, ne se fait-il pas lui-même gouvernement? A plus forte raison des hommes qui souvent n'ont pas même de maître et ne dépendent que d'eux-mêmes.

« Ceux qui veulent ainsi précipiter les choses ne peuvent pas se vanter d'aimer le pays. Si Matsdaïra-Yamato-no-kami, au lieu d'appeler au gorogio des hommes violents et de s'en faire une force et une majorité pour demander des choses que le temps et les circonstances seuls peuvent

rendre possibles, avait voulu nous aider à apaiser les esprits, toutes ces agitations auraient pu être évitées ; mais
que le peuple se rassure, les murmures ne peuvent qu'ag-
graver les difficultés. C'est une erreur de vouloir attribuer
tous les malaises à la cause étrangère ; c'est ressembler à
un malade qui, souffrant un peu dans tous les membres,
s'en prendrait à un grain de sable qui l'aurait blessé au
pied.

« Ne croyez plus ceux qui vous disent que je ne suis plus
de l'avis du mikado. Nous n'avons jamais eu qu'un sentiment, bien que souvent, différemment éclairés, nous
ayons jugé différemment l'état des choses.

« Que les paysans retournent à leurs champs, les artisans
à leurs travaux et les marchands à leur trafic. Le gorogio
sera bientôt au complet. D'autres yacounines vont gouver-
ner avec sagesse. Que ceux qui croient renouveler les scènes tragiques qui ont marqué le commencement de mon
gouvernement abandonnent toute espérance de succès.
Lors même que je déclarerais devant tout l'empire que je
suis contre les étrangers, les difficultés seraient-elles pour
cela toutes résolues? Si ceux qui se croient sages le pen-
sent, ils se trompent : une telle affirmation ne ferait qu'a-
giter davantage les esprits sans faire tomber le sabre des
mains des étrangers.

« Communiquez ceci à toutes les résidences de daïmios
pour être envoyé immédiatement à leurs seigneurs. »

« Le 5ᵉ jour du 6ᵉ mois (le 29 juillet). »

L'attitude prise ainsi par le taïcoun produisit un
heureux effet. Les *lônines* et les perturbateurs furent
chassés de Yedo, où l'on en exécuta un grand nombre. Des forces furent envoyées contre les bandes
des agitateurs, et deux combats, où les troupes du

taïcoun eurent le dessus, purgèrent de la présence
de ces ennemis intérieurs la province de Yamato.
Les débris des bandes mises en déroute se réfugiè-
rent dans la chaîne de montagnes qui court du sud
au nord de cette province.

Un haut fonctionnaire japonais était venu, avec
plus ou moins de secret, porter à Yokohama la
nouvelle de ces événements. C'était le vice-ministre
Takemoto-Kaï-no-Kami, homme intelligent, de manières conciliantes, et qui, à l'époque d'une meilleure entente, de 1860 à 1863, avait déjà tenu de
nombreuses conférences avec les représentants
étrangers. Takemoto paraissait avoir joué un rôle
important dans les derniers événements qui l'a-
vaient ramené aux affaires avec les hommes de son
parti, entre autres le daïmio Sakaï que nous avons
déjà vu figurer dans ce récit. Il paraissait posséder
la confiance du taïcoun, ou, si le taïcoun en personne ne gouvernait pas, du nouveau conseil qui
dirigeait les affaires. Ses confidences firent persévérer les ministres étrangers dans leurs desseins.
Le danger, éloigné momentanément, pouvait repa-
raître. Le daïmio de Nagato restait encore impuni
dans ses domaines : il est vrai que le nombre de ses
adhérents s'éclaircissait de jour en jour, grâce à
ses propres excès. Le prince avait, dans ces derniers temps, tiré sur un vapeur de Satzouma et fait
exécuter un officier de ce prince. La tête de la vic-

time avait même été exposée sur une place d'Osaka, avec une inscription le désignant comme celle d'un ami des étrangers. Des jonques marchandes passant le détroit de Simonoseki avaient été arrêtées, brûlées, et les capitaines mis à mort. Tous ces faits avaient enfin ouvert les yeux du mikado. Au dire de Takemoto, le taïcoun avait reçu de Kioto l'ordre de châtier le prince rebelle. Ce dernier se disposait à la défense, et Satzouma, Higo, Bouzen, ainsi que quelques autres daïmios, devaient réunir les troupes destinées à marcher contre lui.

Mis confidentiellement par les ministres européens au fait de leurs résolutions, Takemoto parut approuver l'expédition projetée. Tandis que le taïcoun ferait acte de vigueur, les étrangers, en prenant les armes contre l'ennemi commun, contribueraient à raffermir le parti qui leur était favorable. Il demandait seulement que l'expédition fût tenue secrète jusqu'au lendemain de son départ : à ce moment, le gouvernement de Yedo, officiellement prévenu, protesterait pour éloigner toute idée de complicité aux yeux de la nation, mais trop tard pour arrêter les flottes alliées.

Dans les derniers jours de juillet, le paquebot anglais déposa à Yokohama, à la grande surprise des autorités, deux Japonais, vêtus à l'européenne, se disant officiers de Nagato. Ils ne venaient pas de leur province, mais bien de l'Europe et de Londres, où ils avaient passé quelques années, étudiant notre civilisation et nos sciences. Informés, dirent-ils, des événements qui se passaient dans leur pays et de la conduite de leur suzerain, ils n'avaient pas hésité à quitter l'Europe. Naturellement convaincus de ce que la politique de leur maître avait de désespéré, ils assuraient pouvoir obtenir de lui, dès la première entrevue, la renonciation à ses entreprises insensées. Ils demandèrent enfin à être conduits jusqu'à leur province, à laquelle il leur serait impossible de parvenir par terre à travers le territoire taïcounal. Cet incident inattendu, et les chances, fort précaires il est vrai, de conciliation qu'il faisait entrevoir, suggérèrent aux autorités étrangères l'idée de rapatrier les deux officiers sur un navire qui ferait en même temps la reconnaissance de la côte de Nagato et s'assurerait des véritables intentions du prince. La corvette *la Barossa*, accompagnée de l'aviso *le Cormorant*, partit donc pour la mer Intérieure avec les deux Japonais. Le chef d'état-major de notre division navale prit passage à bord de la corvette anglaise : sa connaissance des lieux y rendait sa présence opportune. Après avoir déposé les deux Japonais sur l'île d'Himesima, où ils donnèrent rendez-vous pour dix jours plus tard, *la Barossa* et *le Cormorant* se dirigèrent vers l'entrée intérieure du détroit de Simonoseki.

Le côté nord du détroit, depuis le point où *la Sé-*

miramis avait opéré un débarquement l'année précédente, jusqu'à la ville, apparut cette fois armée de nombreuses batteries. Autant qu'on pouvait le constater de loin, les défenses avaient été considérablement accrues. Sur l'emplacement où les bâtiments français avaient mitraillé la colonne japonaise accourant de la ville, à la place d'un village bâti sur la rive, s'élevait un grand ouvrage ayant la forme d'un double redan, dans lequel des travailleurs achevaient les traverses. A l'approche du *Cormorant* qui portait les officiers en reconnaissance, des drapeaux avaient été arborés sur les parapets, les Japonais s'étaient portés aux pièces sur toute la longueur de la côte, et, en manière de défi, la grande batterie avait tiré quelques coups de canon; des obus étaient venus éclater à la surface de l'eau au milieu même de la passe. La côte sud, comme jadis, parut désarmée.

Après deux reconnaissances et quelques travaux hydrographiques, les bâtiments étaient retournés au mouillage de l'île. Les deux officiers japonais ne manquèrent pas, à l'heure dite, au rendez-vous. Ils avaient déjà quitté l'habit noir pour reprendre le costume national et les deux sabres; mais, chose singulière, ceux qui avaient vu partir dix jours auparavant deux jeunes gens à l'esprit ouvert, communicatif, enthousiastes de l'Europe et de ses libertés, retrouvaient à leur place deux véritables

Japonais, à l'air diplomatique, aussi rusés et impénétrables que leurs compatriotes. Après mille précautions destinées à donner à leurs paroles l'importance d'un secret, ils se contentèrent de rapporter au sujet des intentions du prince de Nagato des allégations vagues et vides de sens. On ne put rien en tirer de mieux : peut-être leurs conseils avaient-ils été repoussés, ou bien, au milieu de fanatiques, avaient-ils jugé prudent de garder le silence.

La Barossa revint le 10 août à Yokohama. Les commandants en chef, invités par les ministres à donner leur avis concernant une opération collective contre les batteries du détroit, s'assemblèrent le 17. Les forces actuellement présentes à Yokohama se composaient de quinze à dix-huit cents hommes de troupes anglaises à la disposition de sir R. Alcock, et de trois cents fusiliers marins qui avaient relevé, quelques mois auparavant, notre garnison de chasseurs du 3ᵉ bataillon d'Afrique. En rade se trouvait la division anglaise, forte de treize à quatorze navires, la division française composée alors de *la Sémiramis*, du *Dupleix* et du *Tancrède*, quatre corvettes hollandaises et une corvette américaine. Quel que fût l'accroissement des batteries du détroit et le nombre de ses défenseurs, on pouvait, en dirigeant sur Simonoseki la plus grande partie des forces maritimes, compter sur le succès. Les amiraux répondirent en conséquence qu'ils étaient disposés à se porter avec lesdites forces sur le détroit, si les ministres obtenaient du gouvernement japonais la promesse formelle qu'aucune tentative d'agression ne serait à craindre pour Yokokama ; dans ce cas, ils consentiraient à laisser la défense de la ville au plus ancien officier des deux mille hommes de troupes restant à terre. La réponse des ministres rendue presque aussitôt ayant été parfaitement satisfaisante, les amiraux pressèrent leurs préparatifs de départ. L'appareillage allait avoir lieu le 20 août; de mauvais temps l'avaient retardé d'un ou deux jours, lorsqu'il fut encore ajourné par une circonstance imprévue.

Le 19 août au matin, le paquebot portant les nouvelles d'Europe arriva sur rade avec le pavillon japonais au mât de misaine : au grand étonnement de tous, le personnel de l'ambassade japonaise qu'on croyait partie pour une longue mission, se trouvait tout entier à bord. Quelques heures après, les autorités françaises pouvaient lire dans leur correspondance et dans le *Moniteur* du 26 juin une convention signée à Paris entre le ministre des affaires étrangères et les ambassadeurs japonais. Suivant les termes de l'un des articles, cette convention devait être mise immédiatement à exécution, sans ratification des souverains respectifs, comme faisant partie intégrante du traité du 9 octobre 1858. L'acte signé à Paris traitait de matières commerciales, la réduction des droits d'entrée imposés à certaines de nos marchandises, mais commençait par le règlement des questions politiques : par le premier article, le gouvernement japonais s'engageait, en réparation de l'acte d'hostilité commis en juillet 1863 contre l'aviso *le Kien-chan*, à payer au gouvernement français une indemnité de 140 000 piastres mexicaines, dont 100 000 par le gouvernement lui-même et 40 000 par l'autorité de la province de Nagato. Le deuxième article, traitant de la réouverture de la mer Intérieure, était ainsi conçu :

« .... Le gouvernement japonais s'engage également à faire cesser, dans les trois mois qui suivront le retour de leurs excellences les ambassadeurs du taïcoun au Japon, les empêchements que rencontrent en ce moment les navires français qui veulent passer le détroit de Simonoseki, et à maintenir ce passage libre en tout temps, en recourant, si cela est nécessaire, à l'emploi de la force, et, au besoin, en agissant de concert avec le commandant de la division navale française.... »

Les ambassadeurs japonais, reçus avec courtoisie dans la capitale de la France, avaient tout d'abord préparé les voies à leurs demandes en réglant d'une façon satisfaisante les premiers griefs ; mais, dès qu'ils étaient venus à parler de l'évacuation de Yokohama, le gouvernement français leur avait imposé silence, en se refusant à discuter sur une pareille base. Les ambassadeurs avaient en dernier lieu consenti à signer la convention du 20 juin 1864, et payé immédiatement le montant de l'indemnité offerte pour la famille du sous-lieutenant Camus [1]; puis, informés que pareil résultat attendait, près des autres cours étrangères, la poursuite de leur mission, ils s'étaient déterminés à y couper court. Ayant visité nos principaux arsenaux et établissements industriels, fait d'importantes acquisitions et commandes, — principalement en fait d'armes et de machines, — ils avaient brusquement repris la route de l'extrême Orient.

Cette convention, rédigée à Paris dans l'ignorance des nouveaux événements qui s'étaient produits au Japon et de la parfaite entente qui y régnait entre les nations étrangères, allait-elle détruire la communauté des vues et isoler l'action de la France? Il n'en fut rien, grâce au bon esprit des autorités anglaises qui déclarèrent renoncer momentanément à l'entreprise si la France devait s'en retirer, et vouloir attendre, avant de prendre un parti, la réponse du gouvernement de Yedo à la notification de la convention. Les autorités hollandaises et américaines suivirent cet exemple. La réponse du gouvernement de Yedo ne se fit pas attendre: Takemoto vint annoncer que son gouvernement regardait ses ambassadeurs comme ayant outrepassé leurs

---

1. 35 000 dollars, soit 192 500 francs.

pouvoirs[1], et se déclarait dans l'impossibilité d'exécuter le deuxième article du traité, tout en donnant satisfaction sur tous les autres. Son principal argument était le danger qui résulterait d'une alliance offensive du taïcoun avec une puissance étrangère, pour opérer contre une partie de l'empire, alliance qui ne manquerait pas de soulever tout le pays. Rien ne put faire changer cette résolution, et, après plusieurs séances infructueuses, les autorités étrangères, regardant comme le meilleur parti celui qui rendrait inutile le second article de la convention de Paris, ne virent plus d'obstacles à la reprise de l'expédition suspendue. Les commandants en chef, après ce dernier sursis, se disposèrent donc de nouveau à l'appareillage. — Aux négociations diplomatiques allaient succéder d'intéressantes opérations militaires.

---

1. Ces derniers étaient consignés à Kanagawa, où le paquebot les avait déposés, sur des ordres venus immédiatement de Yedo.

CHAPITRE VIII.

Le 28 août 1864, lorsque les commandants en
chef des forces alliées se portèrent sur le détroit de
Simonoseki, ils pouvaient appliquer à cette opération des moyens suffisants pour assurer le succès. Le
contre-amiral Jaurés emmenait dans la mer Intérieure la frégate *la Sémiramis*, la corvette *le Dupleix*
et l'aviso *le Tancrède*; le vice-amiral Kuper, la frégate *l'Euryalus*, portant son pavillon, un vaisseau à
deux ponts, une frégate à roues, cinq corvettes et
deux canonnières, plus un contingent de cinq à

six cents soldats de marine. Quatre corvettes hollandaises étaient réunies sous les ordres du capitaine de vaisseau De Man. Enfin le ministre des États-Unis, pour faire figurer le pavillon dans l'expédition, avait affrété le vapeur de commerce *le Ta-kiang*, sur lequel s'embarquait un détachement de canonniers et de fusiliers pris à bord de la corvette *le James-town*. Cette dernière, étant le seul bâtiment de guerre dépourvu de machine, restait mouillée sur la rade de Yokohama, conjointement avec une corvette et trois canonnières anglaises. À terre, près de deux mille hommes de troupes, campés sur les hauteurs de la ville, assuraient cette dernière contre l'éventualité d'ailleurs bien improbable d'une attaque.

Le 28 août, plusieurs bâtiments de la division alliée prirent le large. *Le Dupleix* et *le Tancrède* étaient du nombre. Tous ces bâtiments naviguaient isolément, à part la remorque donnée aux canonnières; ils avaient rendez-vous à Himesima, dans la mer Intérieure.

Le 29 au matin, nous fîmes route avec *la Sémiramis*, naviguant de conserve avec *l'Euryalus*. Le reste de la division nous suivait, la moitié des bâtiments remorquant l'autre. Nous les perdîmes de vue dès le second jour de traversée.

Le soir du troisième jour, parvenus en vue du chenal de Boungo, nous rencontrâmes sous la côte de Sikok *le Dupleix* et *le Tancrède*, qui rallièrent immédiatement. La corvette *le Perseus*, arrivant de Shanghaï avec un trois-mâts chargé de charbon, communiquait à la même heure avec l'amiral Kuper.

Le 2 septembre, après avoir franchi les passes de Boungo, nous venions jeter l'ancre au mouillage d'Himesima. Le lendemain matin, les divisions s'y trouvèrent au grand complet. Cette journée fut employée à divers préparatifs.

Himesima, petite île de quelques kilomètres de circonférence, se compose de deux montagnes, dont l'une fort élevée ; sur la langue de terre qui les relie s'élève un village de pêcheurs et de paysans qui ont pour industrie l'exploitation de salines situées en arrière du village. Quelques *yakounines* ou agents de police d'un grade inférieur y représentent l'autorité. A notre présence dans l'île, à quelques questions que nous leur fîmes, ils opposèrent une impassibilité et un mutisme qui devaient leur éviter toute décision compromettante. La végétation de l'île est assez pauvre ; mais les pins qui couronnent les falaises donnent à ses rives un aspect pittoresque. Nous gravîmes les sommets de l'île, d'où la vue s'étend de tous côtés sans obstacle. A nos pieds, les dix-sept bâtiments à l'ancre dans la petite baie réfléchissaient leur mâture dans ses eaux calmes et transparentes ; les embarcations allant et venant entre les navires donnaient au paysage une animation insolite. A deux milles dans l'ouest, la province de Boungo étalait ses collines couvertes de verdure, tandis qu'au nord les hautes montagnes de Nipon et de la province de Nagato bordaient l'horizon d'une double rangée de sommets brumeux.

Une trentaine de milles nous séparaient de l'entrée intérieure du détroit; nous la franchîmes le lendemain. Les divisions se mirent en marche sous vapeur à neuf heures du matin, formant trois lignes de file parallèles, les Français et l'Américain à gauche, les Anglais au centre, les Hollandais à droite. Ce mouvement s'exécuta avec ensemble, et à trois heures les divisions mouillaient dans le même ordre, les premiers bâtiments à 3000 mètres environ de l'entrée du détroit. Les amiraux se rendirent immédiatement à bord de *la Coquette*, pour faire avant la nuit une reconnaissance le long de la côte ennemie. A ce moment toutes les lunettes étaient curieusement braquées sur le paysage.

Nous avons déjà donné la topographie de la première partie du détroit, qui figure un entonnoir limité au nord, sur la côte de Nagato, par le cap Kousi (*Kousi-saki*), au sud, sur la côte Bouzen, par *I-saki*. Une falaise couronnée de pins forme le premier de ces caps et se continue par une suite de collines couvertes de bois du sommet à la base; de temps à autre un vallon cultivé en rizières vient aboutir au bord de la mer. Le premier de ces vallons, à partir de Kousi-saki, est armé d'une batterie de deux pièces; des canons de campagne s'aperçoivent dans les rochers de la pointe; 500 mètres plus loin, on arrive à la vallée occupée l'année précédente par la compagnie de débarquement de *la Sémiramis*. — Les deux batteries reconnues par *le Cormorant* y sont facilement observables. Au delà, l'éloignement et la verdure ne permettent de reconnaître que le grand ouvrage nouvellement construit, désormais achevé et garni de canons. Des pavillons de diverses couleurs sont plantés sur les parapets; dans les arbres, sur les collines, la lunette permet de distinguer des tentures de guerre en toile blanche, portant en noir les armes de Nagato, trois boules en triangle, soulignées d'un trait horizontal. La canonnière *la Coquette* a passé à portée des canons de la pointe; malgré la présence d'un certain nombre d'hommes dans les batteries, celles-ci sont restées partout silencieuses. La côte sud est tout aussi dépourvue de défenses que l'année précédente; de ce côté, le cap Mozi, qui s'avance jusqu'à 300 ou 400 mètres de la rive opposée, masque la seconde partie du détroit, lequel, après cet étranglement, s'infléchit au sud, vis-à-vis la ville de Simonoseki, contourne l'île d'Hikousima, et, revenant au nord-ouest, débouche enfin dans la mer de Chine. Les autres défenses ennemies, sur lesquelles il n'existe aucune notion, à part les renseignements peu précis de la corvette *la Méduse*, doivent donc se trouver sur cette île et dans la ville même.

A la nuit, les commandants en chef arrêtent les premières dispositions de l'attaque. Il s'agit, en considérant la côte sud comme absolument neutre dans le conflit, de s'emparer tout d'abord des défenses qui bordent la rive ennemie depuis Kousi-saki jusqu'à l'entrée des faubourgs de la ville. Vis-à-vis la ligne à peu près droite formée par cette rive, la côte de Bouzen s'infléchit en formant la baie de Tanaoura. Profitant de cette disposition des lieux, une division d'attaque ira s'embosser en arc de cercle dans cette baie, le chef de file mouillant à deux ou trois encablures en dedans du cap Mozi, et concentrera son feu sur les principaux ouvrages ennemis; une seconde division, formée des petits bâtiments, canonnera sous vapeur les défenses de Kousi-saki, qui paraissent moins fortement armées; enfin, au centre, les deux frégates amirales et le vaisseau se tiendront prêts à porter là où il sera nécessaire le secours de leur nombreuse artillerie. Un violent courant de marée traverse constamment le détroit, changeant de direction quatre fois par jour; vis-à-vis du cap Mozi, sa vitesse atteint par moments cinq à six nœuds, ce qui rend fort délicate la manœuvre de nombreux bâtiments destinés à prendre un poste et à s'embosser sous le feu de l'ennemi; il est donc décidé que la marche en avant n'aura lieu qu'à l'heure où le courant, sortant du détroit, deviendra contraire. Cette circonstance oblige à différer le mouvement jusqu'à deux heures du soir le lendemain.

Les conjectures relatives aux dispositions pacifiques de la province de Bouzen se trouvèrent justifiées. Vers huit heures du soir les gouverneurs de la petite ville de Tanaoura se rendirent à bord de *la Sémiramis*. Se doutant des préparatifs d'attaque des divisions alliées, ils venaient assurer l'amiral de leurs dispositions pacifiques : « Nous avons, dirent-ils, quelques forts et canons sur notre côte ; mais ils n'ont d'autre but que notre protection : nous espérons qu'on voudra bien les épargner. » On s'empressa de les rassurer à cet égard. Ils parurent assez mal informés relativement aux dispositions de leurs voisins, et se retirèrent après avoir disserté en termes généraux sur les malheurs de la guerre.

La nuit se passa sans incident particulier. Un canot, parti de la côte de Nagato, s'était présenté la veille au soir le long de *l'Euryalus* ; un officier, évidemment de grade inférieur, qui le montait, avait demandé à parler au vice-amiral anglais ; il lui fut répondu qu'on ne parlementerait qu'avec des officiers d'un rang suffisamment élevé et dûment accrédités par le prince de Nagato. Le messager s'éloigna.

Dans la matinée du 5, l'on ne put remarquer, vu l'éloignement assez grand du mouillage, de mouvements particuliers dans les batteries ennemies. Vers midi, les bâtiments de la première division allumèrent les feux et firent leurs préparatifs : les mâts de perroquet furent calés. Le reste des bâtiments suivit bientôt cet exemple.

Le changement de flot attendu avec impatience ne se fait sentir que vers les deux heures; une demi-heure après, les six bâtiments de la première division défilent lentement entre nous et *l'Euryalus* dans l'ordre qui leur a été assigné. C'est d'abord la corvette anglaise *le Tartar*, puis *le Dupleix*, commandant Pasquier de Franclieu, la corvette hollandaise *le Metal-Cruis*, la corvette anglaise *la Barrossa*, la corvette hollandaise *Djambi*, enfin la frégate à roues *Leopard*. Tous ces navires sont en branle-bas de combat. Peu de minutes après, ils mouillent à leur poste, tandis que l'ennemi, dont ils sont à bonne portée, reste silencieux dans ses batteries. Pendant que les corvettes se disposent à s'embosser, opération que rend difficile la force du courant, la deuxième division des bâtiments légers appareille pour se rapprocher de Kousi-saki. Elle se compose des navires anglais *Perseus*, *Coquette*, *Bouncer* et *Argus*, de l'aviso *le Tancrède*, capitaine Pallu, et de la corvette hollandaise *la Méduse*[1].

1. A ce moment, un canot paraissant vouloir parlementer,

Nous appareillons à notre tour, pour nous rapprocher, ainsi que *l'Euryalus* et *le Conqueror*, de la première division. Les trois navires mouillent à onze ou douze encablures des batteries situées en face de Tanaoura. L'amiral Jaurès se rend à bord de *l'Euryalus*; à ce moment, trois heures quarante minutes, comme les corvettes terminent l'opération d'embossage, les commandants en chef se décident à ouvrir le feu; un coup de canon, tiré de *l'Euryalus*, sert de signal; la première division y répond par une bordée générale de toutes ses pièces.

Nos boulets sont à peine arrivés à terre que la côte ennemie se couvre de fumée sur toute la longueur; ce sont les Japonais qui, n'attendant que notre premier coup, viennent de riposter par une décharge générale. À côté des batteries reconnues la veille, il est facile de compter d'autres ouvrages dont on ne soupçonnait pas l'existence, notamment une batterie rasante à l'entrée de la vallée occupée l'année précédente par *la Sémiramis*. Des trois batteries de cette vallée et du grand ouvrage situé en face de Mozi-saki, part un feu très-vif, auquel ripostent non moins vigoureusement les corvettes; autour d'elles la mer blanchit sous le ricochet des projectiles. Une épaisse fumée enveloppe bientôt

quitta la côte de Kousi-saki et essaya de communiquer avec *l'Euryalus* : les navires étant déjà à leur poste, il lui fut donné l'ordre de se retirer, ce qu'il fit avec précipitation.

toute la scène; fort heureusement une légère brise, soufflant du fond du détroit, vient renouveler l'atmosphère et permettre la continuation du tir.

Il est quatre heures environ lorsque *la Sémiramis* a terminé son embossage et présenté le travers aux principales batteries ennemies. Elle ouvre immédiatement sur ces ouvrages le feu de ses pièces rayées de tribord. Le tir, rectifié après les premiers coups, devient d'une grande justesse ; tandis que quelques boulets ennemis essayent en vain d'atteindre la frégate et viennent tomber à quelques encablures en avant, nos projectiles à percussion éclatent sur les batteries ennemies et écrêtent sur les parapets. A côté de nous *l'Euryalus* a cassé son embossure, ce qui ne lui permet d'utiliser que trois ou quatre pièces en chasse. Mais devant le feu nourri de *la Sémiramis*, et celui des corvettes qui ne s'est pas ralenti un instant sous une pluie de projectiles, l'ennemi paraît céder peu à peu. Les quatre principales batteries ralentissent progressivement leur feu ; à partir de quatre heures et demie, elles n'envoient plus que quelques coups de canon à de longs intervalles.

Les défenses du cap Kousi ont opposé moins de résistance : les petits bâtiments, évoluant avec habilité, se sont avancés peu à peu en continuant leur tir, jusqu'à se trouver par notre travers. De notre côté, le feu est continué régulièrement jusqu'à ce que la nuit se fasse. Vers cinq heures et demie, l'incendie se déclare dans une des batteries de la vallée ; quelques explosions illuminent de leur éclat fugitif les arbres de la montagne, dont les premières assises sont déjà plongées dans l'obscurité. A ce moment, le capitaine du *Perseus*, le chef de file de la troisième division, se trouvant à petite distance de ces batteries et remarquant leur abandon, jette à terre sa petite compagnie de débarquement y joint celle de *la Méduse* qui le suit immédiatement, et pénètre successivement dans les trois principales batteries : les servants ont abandonné les pièces en laissant quelques morts à terre ; une vingtaine de canons sont encloués. Cette opération rapidement accomplie, les compagnies rentrent à bord de leurs bâtiments respectifs sans être inquiétées, rapportant avec elles quelques trophées. L'éloignement de la grande batterie voisine de la ville n'a pas permis d'y exécuter une descente semblable.

La nuit venue oblige à remettre au lendemain la suite des opérations. La première division a seule éprouvé quelques pertes : trois morts et une quinzaine de blessés sont toutefois un faible chiffre en comparaison du nombre des projectiles qui ont atteint les bâtiments dans la coque et dans la mâture.

Les commandants en chef décident que pour achever de mettre les batteries hors de service dans cette première partie du détroit, il est indispensable de porter sur ces batteries les troupes de débarquement. Le lendemain, dès le jour, profitant de l'effet moral causé par le tir de la veille, ils jetteront ces troupes à terre en les protégeant du feu des navires ; elles enlèveront les batteries, et une partie d'entre elles travaillera à détruire leur armement, tandis que le gros des forces maintiendra l'ennemi dans les bois. La nuit a ramené le calme le plus absolu sur le détroit, animé quelques heures auparavant du bruit de plus de cent cinquante pièces de canon. Quelques lumières se remarquent dans les batteries, sans doute les lanternes que les officiers japonais portent la nuit à leur ceinture.

Le 6 septembre au matin, le jour commence à poindre, lorsque des détonations partent subitement de la batterie située en face de Mozi-saki. Ce sont les Japonais qui, pointant leurs pièces à la première lueur du jour, ouvrent le feu sur les deux corvettes *Tartar* et *Dupleix*. Ces deux bâtiments, que le renversement du courant a fait aborder pendant la nuit, ont leurs chaînes engagées et présentent l'arrière à l'ennemi. Les deux commandants travaillent activement à se dégager ; peu de moments après *le Tartar*, puis *le Dupleix* ripostent vigoureusement à l'ennemi, qui de nouveau abandonne ses pièces. Toutefois ses premiers boulets ont causé quelques ravages : l'officier en second du *Tartar* a été gravement blessé; plusieurs hommes ont été renversés sur le pont du *Dupleix;* le chef de timonerie, en ce moment sur la passerelle, à côté du commandant de Franclieu, a eu la tête emportée par un boulet.

Cet incident fait presser les préparatifs du débarquement; les troupes désignées pour la descente représentent un effectif de deux mille hommes, appuyés de l'artillerie légère des embarcations et de quelques pièces de campagne; environ trois cent cinquante marins-fusiliers pris à bord des navires français, sous les ordres du capitaine de vaisseau Le Couriault du Quilio, — quatorze cents marins et soldats de marine anglais, sous les ordres du capitaine de vaisseau Alexander, et deux cent cinquante marins hollandais.— Un peloton de soldats de marine du *Ta-kiang* forme le contingent américain. Ces troupes se disposent dès sept heures dans les embarcations destinées à les porter à terre, et qui se rangent parallèlement à la plage; elles doivent aborder par le travers de notre mouillage, entre le cap Kousi et la vallée des Trois-Batteries.

Les préparatifs de l'embarquement du côté des Anglais, qui ont le plus grand nombre d'hommes, ne sont pas terminés avant huit heures et demie. A ce moment, les canots et chaloupes se mettent en marche, remorqués parallèlement, en petits groupes, par les bâtiments légers de l'escadre; à gauche, les compagnies françaises destinées à former la tête de la colonne en marchant sur Simonoseki et les principaux ouvrages, remorquées par *le Tancrède* et *le Ta-kiang;* puis les Anglais remorqués par *le Perseus, l'Argus* et *la Coquette;* enfin les Hollandais par *l'Amsterdam.* Ces divers bâtiments lancent, tout en s'avançant vers la côte, de la mitraille sur le point vers lequel se dirige le convoi. La plage de débarquement forme une étroite ligne de sable de quelques mètres, au pied d'un mamelon escarpé couvert de bois et de broussailles. A neuf heures les troupes sont à terre, rangées en colonne sur la plage, lorsque les deux amiraux arrivent avec leurs états-majors ; ils donnent le signal de marcher en avant, et tandis que quelques compagnies de *marines* gravissent le mamelon, nos marins, se portant à cinquante pas plus loin, pénètrent sans coup férir dans le premier ouvrage ennemi. Cet ouvrage, sur l'emplacement de celui que nous avions détruit l'année précédente, se compose de deux batteries : la première, armée de six pièces en bronze de 18 et 24, sur affûts de côte à pivot, et d'une pièce de campagne ; la seconde, située immédiatement au-dessus, sur la croupe du mamelon, armée de cinq pièces de côte. Les pièces n'ont pas été démontées par le tir de la veille, mais nos projectiles, dont les traces sillonnent la crête des solides parapets, ont dû rendre les batteries intenables pour les servants. Ces pièces ont été enclouées la veille au soir ; on achève de les mettre hors de service en brisant les écouvillons, les vis de pointage et jetant les coins de mire à la mer. Pendant ce temps les *marines* anglais, en couronnant le mamelon boisé, ont refoulé quelques groupes de fantassins japonais, qui se retirent en tiraillant dans une vallée située en arrière. Cette vallée est celle qui vient aboutir à la mer au pied des batteries. La colonne, traversant la rizière et une petite rivière qui en occupe le fond, pénètre de l'autre côté dans une batterie rasante de neuf pièces de divers calibres : c'est, au dire des capitaines des corvettes, l'ouvrage qui leur a donné le plus de mal la veille au soir. Ces neuf pièces sont également mises hors d'état de servir. Pendant qu'un détachement de nos hommes opère ce travail, quelques boulets, lancés du haut de la vallée par un ennemi invisible, viennent tomber dans l'ouvrage. A ce moment, les amiraux décident que le corps des marins fusiliers anglais restera, sous les ordres du capitaine de vaisseau Alexander, occuper les trois batteries de la vallée, pour travailler à leur destruction tout en maintenant l'ennemi, et que le reste des forces, sous les ordres du capitaine de vaisseau Du Quilio, se portera le long de la mer du côté de Simonoseki. Les marins fusiliers français, suivis des Hollandais, s'engagent dans la route qui suit le bord de la mer, tandis que le bataillon de *marines* marche parallèlement dans les bois. Le

long de la plage, les chaloupes de débarquement,
armées en guerre, suivent le mouvement.

Les colonnes se trouvent alors sur les flancs d'une
montagne boisée qui fait suite à la vallée; elle se
termine, au bord de la mer, par des falaises au
sommet desquelles serpente la route suivie par nos
hommes. Rien n'est pittoresque comme cette route,
étroite comme tous les chemins du Japon, tantôt
suspendue au-dessus de la plage, tantôt s'enfonçant
sous un dôme de verdure. L'ennemi, qui ne se
montre pas, a abandonné deux mortiers, que l'on
trouve en batterie sur la falaise. Au-dessus de nous
les *marines*, cheminant sur les flancs de la montagne, s'avancent également sans obstacle; on ne
trouve plus trace des tentures de guerre aux armes
de Nagato, qui ont été enlevées pendant la nuit.

A dix heures et demie, les deux colonnes arrivent
simultanément à l'entrée de la grande batterie. Il y
a peu de minutes que l'ennemi l'a définitivement
évacuée, car pendant la marche des colonnes sur la
montagne, un dernier coup de canon isolé a été
envoyé sur le mouillage des corvettes. Les Japonais
se sont repliés sur la ville et dans les bois d'où ils
entretiennent, sans se découvrir, un léger feu de
tirailleurs; un feu semblable suffit pour les maintenir dans cette position défensive, tandis que les
troupes pénètrent dans la batterie. C'est un fort bel
ouvrage, construit avec un grand soin suivant les

profils de notre fortification moderne; ses quatre faces sont armées collectivement de quatorze pièces en bronze, dont dix pièces sur affût de côte, une pièce sur affût de campagne, et trois obusiers de gros calibre. Du côté de la colline, une forte palissade entoure l'esplanade de la batterie; plusieurs puits, une poudrière, trois ou quatre casernements en planches complètent son emménagement. A cent pas dans la colline, un grand magasin à poudre protégé par un pli de terrain renferme un amas considérable d'obus, de la poudre et des armes, principalement des arcs et des flèches.

De cet ouvrage à l'entrée de Simonoseki, la côte est dépourvue de batteries; nous occupons donc en ce moment, à l'exception de l'extrémité de Kousisaki, toutes les défenses de la première partie du détroit. La ville nous est masquée par le retour du terrain; sur la côte opposée, une grande baie faisant suite au cap Mozi se déploie jusqu'au pied des hautes montagnes de Kokoura. Dans l'ouest, l'île d'Hikousima, complétant avec la ville les contours de cette partie renflée du détroit, nous paraît, à la lunette, armée de quelques ouvrages: l'un d'eux envoie des coups de canon, bravade inutile, vu sa distance considérable qui permettrait tout au plus à nos boulets de l'atteindre.

Des reconnaissances sont poussées un peu plus haut du côté de Simonoseki; elles parviennent sur

un plateau d'où l'on domine les faubourgs formant
un cordon de maisons le long d'une rue parallèle
à la mer ; au-dessus de cette rue, des escaliers conduisent à des pagodes et des bonzeries entourées de
bois. La ville paraît déserte et sans ouvrages de
fortification, mais des pagodes et des arbres un ennemi presque invisible entretient un tir irrégulier
de mousqueterie. Les commandants en chef, après
s'être portés sur ce plateau, donnent l'ordre de conserver simplement les positions occupées.

La chaleur se faisant vivement sentir, les troupes
se reposent et dînent ; puis, tandis que des cordons
de tirailleurs se maintiennent dans la montagne,
l'on procède à la destruction du matériel des batteries ; les poudres sont noyées, les affûts sont brisés
et réunis en amas auxquels on met le feu ; le magasin à obus du grand ouvrage est incendié et fait explosion en couvrant les alentours de débris.

Vers deux heures de l'après-midi, une nouvelle
reconnaissance est poussée sur le chemin qui longe
la mer par nos fusiliers marins et les Hollandais,
appuyés des embarcations. Au bout de 400 mètres,
la tête de colonne arrive à l'entrée du faubourg. Un
petit phare en pierre, en forme de pyramide, s'y
élève à l'extrémité d'une jetée de quelques mètres,
protégeant une flottille de bateaux de pêche. La rue
qui se déroule devant nous paraît déserte : à quelques obus lancés sur le faubourg par nos pièces de

campagne répondent à peine trois ou quatre coups de fusil tirés des maisons les plus éloignées. Les commandants en chef jugent inutile de pousser plus loin pour cette journée les opérations, et nos fusiliers reviennent avec les Hollandais vers les batteries, où les troupes alliées occupent à cette heure près d'un kilomètre et demi de terrain. De trois à quatre heures, nos fusiliers marins et les compagnies hollandaises s'embarquent, sous l'escarpe du grand ouvrage, pour regagner leurs navires respectifs ; le bataillon de *marines* se replie, en suivant le chemin de la plage, sur les premières batteries.

Vers cinq heures du soir, nous entendons dans la vallée des rizières une légère fusillade engagée entre les troupes anglaises encore à terre et un ennemi paraissant établi derrière les collines. Cette fusillade s'élève peu à peu vers le fond de la vallée, puis acquiert une assez vive intensité ; des détonations d'artillerie viennent s'y joindre. Nous apercevons bientôt des files de blessés se diriger vers les embarcations. Le bruit de la mousqueterie persiste jusqu'au crépuscule. A ce moment seulement nous est donné le détail de cet engagement.

Avant de faire embarquer ses hommes, le capitaine de vaisseau Alexander, profitant de la présence du bataillon de *marines* qui venait de rallier, a voulu pousser une reconnaissance dans le fond de la vallée, d'où l'ennemi, pendant toute la journée,

a manifesté sa présence en envoyant de temps à
autre quelques balles ou boulets dans la direction
des batteries. La reconnaissance se met en marche
sur deux colonnes, les marins suivant le chemin de
la vallée, le bataillon de *marines*, sous les ordres du
lieutenant-colonel Suther, marchant à droite par
les bois. Ces colonnes sont bientôt accueillies par
un feu de mousqueterie, et lui répondent tout en
marchant. La vallée se rétrécit en appuyant vers la
droite; elle présente entre deux bois de pins une
succession de rizières disposées en gradins. A l'extrémité de cette vallée, les troupes reconnaissent
bientôt un ouvrage palissadé, garni d'un corps assez nombreux d'infanterie et de quelques pièces de
campagne. L'ordre est donné d'emporter l'ouvrage.
Les deux colonnes s'avancent simultanément, malgré le redoublement du feu de l'ennemi, qui, menacé d'être pris en flanc par la colonne des *marines*,
lâche pied lorsque les assaillants ne sont plus qu'à
une trentaine de mètres. Les Japonais fuient dans
la montagne en emportant leurs blessés. Les Anglais, pénétrant dans l'ouvrage, surprennent encore
quelques traînards. Le retranchement est un assez
vaste abri destiné à loger des réserves de troupes,
et contenant, indépendamment de cinq ou six pièces de campagne en batterie, un approvisionnement
d'armes et de munitions. La nuit se faisant, les
pièces sont enclouées, les affûts sont brisés, et les

troupes, sans être inquiétées, se replient vers les embarcations après avoir mis le feu aux logements de l'ouvrage. Cette conquête leur a toutefois causé des pertes assez sensibles : huit morts et une quarantaine de blessés ont été successivement portés au rivage. Parmi ces derniers sont deux officiers des *marines* et le capitaine de vaisseau Alexander, qui, blessé d'une balle au pied vers le milieu de l'action, a dû remettre le commandement au lieutenant-colonel Suther.

La fin de cette seconde journée nous voit donc en possession de la première partie du détroit [1]; à cette heure, quarante-deux pièces de canon sont au pouvoir des divisions alliées.

Le lendemain, 7 septembre, une division de corvettes devra dans la soirée, au changement de flot, doubler le cap Mozi et reconnaître la seconde partie du détroit, celle qui s'étend entre la ville et Hikousima. Si quelques batteries se démasquent au-dessus de Simonoseki, les corvettes répondront à leur feu tout en suivant de près la côte sud, s'éloignant après le cap pour former la baie de Mozi. En attendant l'heure favorable, la division tout entière de-

---

1. Il restait, il est vrai, sur Kousi-saki quelques pièces en batterie qui avaient un instant ouvert le feu dans la matinée sur les navires mouillés à l'entrée du détroit; mais elles parurent abandonnées dès que les Japonais eurent été convaincus de l'inefficacité de leur tir.

vra concourir à l'embarquement à bord des navires des pièces conquises la veille, cette mesure paraissant, aux yeux des commandants en chef, la plus propre à démoraliser l'ennemi. Dès le matin de nombreuses corvées sont envoyées dans les batteries où elles arrivent sans être inquiétées et commencent leur travail. De forts détachements qui les protégent se tiennent dans la montagne, où leur présence paraît utile; car elle maintient à distance les Japonais, qui persistent à se montrer de temps à autre sous les bois. *La Sémiramis*, qui est venue mouiller contre le cap Mozi, envoie dans la journée quelques obus sur les faubourgs, afin d'empêcher l'ennemi de s'y rassembler à couvert.

Les corvettes *Tartar*, *Dupleix*, *Metal-Cruis* et *Djambi* appareillent vers cinq heures du soir en branle-bas de combat, et passent successivement la pointe; elles disparaissent bientôt derrière les terres. La nuit vient sans que le moindre coup de canon se soit fait entendre de ce côté; les travailleurs sont rentrés des batteries, rapportant dans les chaloupes la plus grande partie des pièces.

Le 8 au matin, des embarcations sont envoyées au delà de la pointe pour communiquer avec les corvettes. Celles-ci, en défilant la veille en avant de la ville, n'y ont pu reconnaître d'ouvrages de défense. Deux batteries qui s'élèvent sur la côte d'Hikousima ont été occupées sans coup férir; l'une d'elles, complétement désarmée, était un grand ouvrage encore inachevé; dans l'autre sept pièces ont été enclouées. En poussant dans l'intérieur de l'île, un détachement de nos marins, tombant sur un corps de garde que les Japonais évacuent au moment même, y a trouvé un complet assortiment d'armures de guerre.

A neuf heures, tandis que des détachements retournent aux batteries pour embarquer les dernières pièces, les amiraux montent à bord de *la Coquette*, et, se dirigeant vers le mouillage des corvettes, vont reconnaître le détroit dans tout son parcours. *La Coquette* passe auprès des corvettes, leur communique l'ordre d'embarquer les pièces enclouées sur l'île, et, défilant en vue du château de Kokoura, dont les murs s'élèvent sur la côte de Bouzen, au pied des montagnes, franchit le dernier coude du détroit. Les commandants en chef peuvent constater que désormais le détroit est libre et sans obstacle jusqu'à sa sortie dans la mer de Chine. Ils sont à peine revenus à leurs bords que la nouvelle se répand que l'ennemi demande à parlementer. A ce moment, toutefois, *le Tancrède*, mouillé à trois cents mètres en avant des faubourgs de Simonoseki, est assailli de quelques coups de fusil tirés des pagodes. Il y riposte aussitôt par quelques volées de mitraille; mais bientôt le pavillon blanc, arboré au grand mât de tous les navires, vient annoncer la suspension momentanée des hostilités.

La conclusion d'une suspension d'armes est confirmée quelques heures après. Un envoyé du prince de Nagato, accompagné de quelques officiers, s'est présenté vers midi à bord de *l'Euryalus*, où s'est rendu immédiatement le contre-amiral Jaurès, pour le recevoir conjointement avec l'amiral Kuper. L'envoyé, introduit auprès d'eux, s'est prosterné à leurs pieds, témoignant ainsi d'une façon tout orientale de l'infériorité que lui a donnée vis-à-vis des chefs étrangers le sort des armes. Le délégué du prince de Nagato est un de ses *karos* (le *karo* est le principal dignitaire attaché à la personne d'un daïmio, son premier conseiller); il a déclaré que son maître n'avait attaqué les étrangers que d'après les ordres formels du mikado et du taïkoun; que les hostilités étaient donc le résultat d'une méprise : enfin que le prince renonçait à la lutte. Les commandants en chef lui ont dicté un projet de convention que devra accepter immédiatement le prince, convention stipulant la libre ouverture du détroit, et le payement d'une indemnité comme remboursement des frais de la guerre et rançon de la ville de Simonoseki, jusqu'alors épargnée. Une première condition de la suspension d'armes, exécutoire le jour même, sera la reddition des canons encore en batterie sur Kousi-saki et tout autre point de la côte du détroit. Le karo est reparti après la conférence, promettant de donner immédiate-

ment des ordres concernant cette dernière clause.
Le prince de Nagato réside à son château d'Anghi,
sur la côte ouest de la province, à une journée de
marche environ ; sa réponse ne pourra parvenir
que dans trois ou quatre jours.

Dès le lendemain matin, en effet, les canons ar-
mant les rochers et la côte de Kousi-saki étaient
remis entre nos mains. Les Japonais eux-mêmes
aidèrent nos travailleurs à leur embarquement ;
la plupart d'entre eux, hors de la présence de leurs
chefs, ne cherchaient pas à dissimuler leur satisfaction de la terminaison des hostilités. Imitant de
la voix le bruit de nos boulets explosibles, ils décla-
raient à tous venants que la guerre était une chose
fort désagréable. Cette reddition porta à soixante-
dix environ le nombre des pièces de tout calibre en
notre pouvoir. Elles étaient toutes en bronze ; quelques-unes devaient être d'origine étrangère ; mais
beaucoup avaient pertinemment été fondues au
Japon, ce qu'indiquaient les inscriptions gravées
sur la culasse. La répartition en fut faite entre les
divisions alliées.

Le Tancrède fut expédié de Simonoseki à Shang-
haï avec les dépêches annonçant à la fois la déclaration et l'heureux résultat des hostilités. D'un
autre côté, *le Ta-kang* fut dirigé sur Yokohama par
la route de la mer Intérieure, avec ceux des blessés
qui purent souffrir le transbordement. Une partie

de la division alliée, avec les gros bâtiments, vint mouiller dans la seconde branche du détroit, de façon à ce que les navires échelonnés sur sa longueur pussent surveiller tous les points de la côte. Le courant de marée atteint contre la rive même de Simonoseki une violence assez grande pour faire chasser les navires à l'ancre et rendre difficile la manœuvre des embarcations. Nous fûmes obligés d'aller mouiller un peu plus au large de la ville, au fond de la baie de Mozi.

En attendant la réponse du daïmio de Nagato, les états-majors furent autorisés, sous leur propre responsabilité toutefois, à circuler sur les deux côtés du détroit et dans la ville même : chacun s'empressa de mettre à profit cette permission. La ville, pendant les journées de l'attaque, avait été complétement désertée par ses habitants ; dès que la suspension d'armes eut été publiée, ils revinrent peu à peu. Le premier jour où nous descendîmes, c'était le 9 septembre, une partie de la population mâle était déjà venue reprendre possession de ses pénates : trois jours après, les rues offraient leur physionomie accoutumée.

Rien n'est pittoresque comme cette vieille cité populeuse et commerçante. Les hautes montagnes qui bordent la première partie du détroit s'abaissent dans la portion suivante en formant un monticule peu élevé qui longe les sinuosités de la côte. La

ville, faisant suite à ses faubourgs, forme au pied
de ce monticule un long ruban coupé par une anse
et une petite rivière. Ses rues sont irrégulières,
bordées de maisons étroites et peu élevées ; très-
propres à l'intérieur, comme toutes les habitations
japonaises, elles ont revêtu extérieurement, grâce
à la fumée, une couleur de vieux bois où le peintre
retrouverait avec délices toute la gradation des tons
chauds de la palette. C'est d'ailleurs le caractère de
toutes les vieilles villes japonaises, et qui manque à
Yokohama, de construction toute récente. La plupart des rues sont garnies de boutiques et très-fré-
quentées ; les hôtelleries, les magasins de denrées
et d'étoffes, les ateliers d'artisans ajoutent leur animation à celle de la foule. Simonoseki est un des
principaux entrepôts du commerce japonais, commerce exclusivement composé, depuis des siècles,
d'échanges intérieurs, à l'exception des nouvelles
transactions avec les étrangers ; les jonques marchandes, en quantité innombrable, chargées de riz,
de soie, de coton, de bois de construction, de car-
gaisons de denrées et de *saki* (eau-de-vie de riz),
passent à toute heure le détroit ; beaucoup d'entre
elles stationnent ou déchargent à Simonoseki,
mouillées tout contre la ville et dans l'étroit canal
qui passe au nord d'Hikousima. Lors de notre arrivée dans le détroit, toutes les jonques avaient fui
ou s'étaient cachées dans les criques des côtes voi-

sines; mais, bientôt après, leur mouillage habituel
et les cales de déchargement de la ville avaient repris leur activité accoutumée.

Les rues transversales aboutissant à la colline
se terminent invariablement par des escaliers en
pierre; ce sont les degrés des pagodes et des bonzeries qui peuplent les hauteurs sur tout le parcours de la ville; leurs immenses toits, leurs
lanternes en forme de pyramide se cachent à demi
sous le feuillage des pins, des lauriers-camphre et
des cèdres. Simonoseki est renommée pour l'antiquité et la sainteté de ses pagodes; il est probable
que les Japonais affectionnent ce lieu pour leurs
sépultures, si l'on en juge par les milliers de
tombes qui couvrent la colline à l'entour des bonzeries. Comme la plupart des cimetières de l'Orient,
ceux des Japonais ont un cachet particulier de
grâce et de poésie. Toujours situés dans un lieu
pittoresque, ils se groupent à l'ombre de grands
arbres, sur la pente d'une colline d'où l'on jouit
d'une agréable perspective. Les tombes sont figu-
rées par des pierres rectangulaires, plantées vertica-
lement en rangs serrés; la partie supérieure est
souvent façonnée en forme de fleur de lotus; sur la
face latérale sont gravés en caractères chinois les
noms du défunt; à sa base une ou deux petites
cavités creusées dans le soubassement de la pierre
accueillent l'eau de la pluie à laquelle l'âme viendra

la nuit se désaltérer. Devant les tombes les plus fraîches, de petits vases formés d'un morceau de bambou fiché en terre renferment des bouquets de fleurs disposés par la main des parents ou les soins des moines de la bonzerie voisine; ils y joignent quelquefois une coupe en porcelaine remplie de riz. Mais ici, comme ailleurs, le temps fait bientôt succéder à ces pieuses pratiques l'indifférence et l'oubli : les vieilles tombes n'ont plus d'autre parure que l'herbe sauvage, les mousses et les lichens aux brillantes couleurs. Les Japonais ont pour habitude de brûler leurs morts, ce qui explique le peu d'emplacement occupé par leurs tombes. De petites concessions entourées d'une barrière sont réservées pour l'usage des familles d'un certain rang; les pierres tumulaires sont disposées, avec des vases de fleurs, des deux côtés d'une allée de quelques pas de longueur; au fond de l'allée s'élève une pagode en miniature.

Les pagodes japonaises, dont nous avons déjà parlé, ont toutes à peu près le même caractère; construites en bois sculpté, recouvertes d'énormes toits de forme chinoise, ornées de ferrements et de figures en bronze, elles plaisent par l'originalité de leurs détails et le sentiment d'élégance et d'harmonie qui a présidé à leur conception. La plus renommée de Simonoseki est celle de *Kami-hama-You*, bâtie sur le sommet d'un petit monticule isolé, entouré moitié par la mer, moitié par la ville même; on y monte par trois grands escaliers ombragés de beaux arbres, ornés de portiques et de lanternes en granit. En arrivant au sommet, nous reconnûmes facilement, de chaque côté du corps de logis principal, deux esplanades disposées pour loger des canons, mais vraisemblablement abandonnées depuis plusieurs mois. C'est de ce point, l'année précédente, que les Japonais avaient tiré sur *le Kien-chan*, *le Wyoming* et *la Méduse*, à leur passage devant la ville.

Le côté de Bouzen, avec les aspects non moins pittoresques de sa campagne, nous fournit également d'agréables excursions. Du sommet des collines faisant face à Simonoseki, l'on peut embrasser un magnifique panorama du détroit, depuis sa sortie dans la mer Intérieure jusqu'aux îlots escarpés qui s'élèvent dans la mer de Chine, comme pour indiquer son entrée aux navigateurs; vis-à-vis du spectateur, au delà de Simonoseki, une longue plaine ondulée conduisant au château d'Anghi se termine, dans l'ouest au rivage de la mer coupé de nombreuses baies, dans l'est au pied d'une chaîne de montagnes, les plus élevées de cette extrémité de l'île Nipon.

Les divisions alliées restèrent au mouillage de Simonoseki dix jours environ après la suspension des hostilités. Dans leur mémorandum du 25 août,

les représentants étrangers à Yokohama, indiquant
aux commandants en chef une ligne générale de
conduite, signalaient à leur attention deux points
principaux. Ils demandaient en premier lieu qu'on
s'emparât d'une position importante du détroit et
qu'on la conservât comme gage jusqu'au jour où,
par l'intermédiaire du taïcoun, le prince de Nagato
aurait consenti à payer une indemnité en compen-
sation des frais de la guerre. Ils demandaient ensuite qu'on examinât, au point de vue maritime,
s'il y aurait avantage à réclamer l'ouverture, dans
le détroit de Simonoseki, d'un nouveau port commercial. Après conclusion des hostilités et examen
des lieux, la première de ces recommandations parut au commandant en chef de notre division navale
de nature à entraîner des difficultés ultérieures.
L'occupation plus ou moins prolongée d'une partie
quelconque du détroit, telle que Hikousima ou les
hauteurs de la ville, exigerait un certain nombre de
forces, auxquelles les Anglais pourraient seuls suf-
fire au moyen de leur bataillon de soldats de marine, sans enlever aux bâtiments une partie de leur
effectif. Il est vrai qu'une clause du mémorandum
des ministres signé le 22 juillet 1864 stipulait qu'en
cas semblable l'occupation serait faite au nom des
quatre nations alliées pour l'entreprise ; mais la
présence de troupes au milieu des populations du
pays, en contact avec l'élément militaire vaincu,

mais probablement surexcité par sa défaite, pouvait amener de fâcheuses complications ; le maintien de quelques navires au mouillage de Simonoseki, sans avoir ces inconvénients, suffirait à garantir le non-réarmement du détroit et l'exécution des clauses de l'armistice. Le vice-amiral Kuper se rangea à cet avis. Quant au commodore hollandais, il avait la plus grande hâte de renvoyer à Batavia trois de ses navires, conformément à des ordres précis du gouvernement des Indes néerlandaises. Le premier point fut donc ainsi réglé.

Quant au second, l'avis des commandants en chef fut qu'en raison de la violence des courants, la côte de Simonoseki n'offrait nulle part un mouillage praticable aux navires de commerce : la baie de Mozi pouvait seule être utilisée pour la création d'un port ; mais dès lors on était amené à fonder l'établissement commercial sur la côte sud du détroit, perdant ainsi les avantages de la proximité d'une ville commerçante. En résumé, devant les difficultés pratiques d'une semblable entreprise, il paraissait plus simple et plus rationnel de songer à avancer le terme fixé pour la prochaine ouverture du port d'Osaka, infiniment mieux situé comme débouché des produits du pays.

La première préoccupation du commandant en chef de notre division fut donc d'empêcher l'installation dans le détroit d'une force étrangère quelconque et d'obtenir avant tout sa neutralisation. La convention provisoire rédigée par les amiraux remplissait cette condition, en stipulant que le détroit serait désormais libre à tous navires, dépourvu de canons et de défenses sur la côte du nord, et que le ravitaillement des navires de guerre et de commerce pourrait se faire à Simonoseki. Un autre article déclarait qu'une indemnité serait payée par le prince comme remboursement des frais de la guerre et rançon de la ville de Simonoseki, qui avait été épargnée ; le chiffre de cette indemnité serait ultérieurement fixé par les représentants à Yokohama des puissances ayant pris part à l'expédition. La convention, dans le dernier article, était déclarée exécutoire en sus des autres arrangements qui pourraient ou avaient pu survenir entre le gouvernement du taïcoun et les gouvernements étrangers au sujet du prince de Nagato.

Ladite convention, ainsi libellée, fut définitivement revêtue de la signature et du sceau du prince de Nagato. Le prince, auquel les commandants en chef avaient fait donner l'avis qu'il eût à paraître en personne, s'excusait sur les ordres formels du mikado, qui le consignaient dans sa demeure comme accusé de révolte contre l'autorité impériale ; il ajoutait que son fils, Nagato-no-Kami, était du côté de Kioto, travaillant à conjurer les malheurs suspendus sur sa famille. A part la façon dont étaient ainsi présentés les faits, le premier point s'accordait avec des nouvelles parvenues à Yokohama le jour même de notre départ de la mer Intérieure, nouvelles dont nous aurons à parler bientôt. Les deux karos du prince, qui vinrent en son nom à Simonoseki, accompagnés d'une suite nombreuse d'officiers, furent agréés comme ses fondés de pouvoir. L'examen minutieux qu'ils firent des bâtiments amiraux et de leur artillerie parut les affermir dans leur résolution de mettre fin à toute résistance; ils se retiraient après avoir acquis la certitude qu'en dépit de leurs efforts la supériorité resterait toujours à nos engins de guerre.

Les bâtiments anglais appareillèrent le 19 septembre et prirent la route de la mer Intérieure. Un navire de commerce affrété en Chine à destination de notre division était arrivé à Simonoseki, chargé de charbon et de vivres. Ayant donc pu compléter nos approvisionnements, nous appareillâmes le 20, laissant au mouillage du détroit *le Tancrède*, en compagnie de *la Barossa* et d'une corvette hollandaise. Ayant pris la route de la mer Intérieure à la suite des divisions anglaise et hollandaise, nous les trouvâmes le lendemain au mouillage de Marougamé. Sur une colline boisée, les murailles et les hautes tours d'un château de daïmio [1] s'élevaient

---

1. Marougamé, sur l'île Sikok. est la résidence du daïmio Kiogokou-sanoké-nokami.

en étages jusqu'au sommet, à demi cachées sous les bois; une petite ville groupée contre la base de la colline, comme cherchant la protection de la demeure seigneuriale, achevait de donner une couleur féodale au paysage Le vice-amiral Kuper ayant l'intention d'effectuer son retour à petites journées, sans perdre de vue ses canonnières, nous poursuivîmes seuls notre route.

L'approche de la saison d'hiver, toujours mauvaise sur les côtes peu hospitalières du Japon, rendait urgent le ralliement des divisions sur Yokohama. Le 24 au soir, déjà engagés entre les îles qui précèdent le golfe de Yedo, nous fûmes assaillis par un ouragan qui, après nous avoir ballottés quinze ou seize heures dans l'ignorance absolue de la position du navire, nous permit enfin, dans la journée du lendemain, de pénétrer dans la baie et de regagner notre mouillage habituel de Yokohama. *Le Dupleix* avait exactement passé, à quelques milles de nous, par les mêmes péripéties. Cinq jours après, les divisions anglaise et hollandaise, ayant également essuyé des mauvais temps dans la dernière partie de leur traversée, arrivèrent à leur tour au mouillage.

CHAPITRE IX.

Le jour même du départ des premiers bâtiments alliés pour la mer Intérieure, le vice-ministre Takemoto était arrivé inopinément à Yokohama. Il venait informer les représentants étrangers d'une importante nouvelle. Le 20 août au matin, un corps de troupes, rassemblé à la faveur de la nuit sur une des collines avoisinant Kioto, avait marché sur la capitale. Ce corps de troupes, composé d'hommes appartenant au prince de Nagato, pénétrant dans la ville par l'ouest, s'était dirigé sur le palais du mikado, qui en occupe l'autre extrémité. L'alarme avait été immédiatement donnée; bientôt les soldats préposés à la garde du palais et des différentes portes intérieures de la ville, prévenus à temps, avaient pris les armes. Un violent combat s'en était suivi, où l'artillerie même avait été employée des deux parts. Le lendemain seulement, grâce à l'arrivée de nouvelles troupes appartenant à divers daïmios et au taïcoun, les assaillants avaient été définitivement dispersés, avec des pertes importantes de part et d'autre. Une grande partie de la ville avait été brûlée pendant le conflit; le palais du mikado était sauf; mais lui-même avait dû se réfugier dans un temple en dehors de son enceinte.

Le vice-ministre paraissait satisfait d'avoir à transmettre ces nouvelles :

« Malgré, disait-il, tout ce qu'a d'odieux un pareil attentat, il sert la cause du taïcoun en mettant définitivement le daïmio de Tchô-chiou hors la loi [1] : telle est la décision du mikado. Chargé d'exécuter ses ordres, le gouvernement de Yedo donne au rebelle quinze jours pour présenter des explications et justifier sa conduite, faute de

---

1. Tchô-chiou (province de Tchô). Tchô est le synonyme de Nagato. Chaque province du Japon a deux noms, suivant que le caractère écrit qui le représente est prononcé à la façon chinoise ou japonaise. Le nom chinois de Tchô-chiou est généralement employé par les indigènes.

quoi il sera déclaré ennemi du mikado, du taïcoun et du peuple. »

Le même jour était affiché dans les rues de Yokohama l'avis suivant :

Notification du gouverneur de Yokohama au peuple du marché et des Yachikis.

« Cette fois la ville et le palais du mikado ayant été brûlés, il est défendu de donner la comédie, de jouer d'aucun instrument de musique, de faire des processions joyeuses, en un mot de faire de grandes démonstrations de joie, et ceci doit être scrupuleusement observé jusqu'à nouvel ordre. »

Le taïcoun ne pouvait donner trop de publicité à l'acte de félonie de son plus ancien et plus dangereux ennemi.

Informé officiellement, aussitôt après le départ des derniers bâtiments alliés, du but de l'expédition qu'ils allaient entreprendre, le gouvernement de Yedo protesta de tout son pouvoir, ainsi qu'il en avait été convenu, et demanda en vain le rappel immédiat des bâtiments. Le vice-ministre Takemoto reprit avec les représentants étrangers la suite de ses nombreux entretiens : les affaires du moment et l'espoir de meilleures relations après l'apaisement des troubles intérieurs en étaient le sujet ordinaire. Lorsque les nouvelles du succès des divisions alliées, succès rendu peut-être plus facile par l'emploi d'une partie des forces de Nagato

dans ses entreprises sur Miako, parvinrent à Yokohama, elles furent joyeusement accueillies des deux
parts. Toutefois, par la suite, une préoccupation
parut vivement peser sur le vice-ministre japonais.
La présence prolongée des escadres à Simonoseki,
en relations avec le daïmio rebelle, et surtout le
maintien de quelques navires au mouillage du détroit, le contrariaient visiblement. Ses arguments
pour obtenir leur rappel immédiat se succédaient
sans relâche. Profitant de cette disposition d'esprit, les ministres étrangers lui firent entendre
que ce rappel serait conditionnel, et n'aurait lieu
qu'après le règlement des points sur lesquels ils
comptaient obtenir prochainement satisfaction définitive.

Pendant ce temps, Yedo avait vu s'accomplir le
premier acte d'exécution de la sentence prononcée
contre le daïmio de Nagato, déclaré définitivement
hors la loi, condamnation retombant, suivant la
loi japonaise, sur sa famille et ses serviteurs. Une
proclamation, affichée un matin dans les rues de
Yedo, avait annoncé pour le lendemain la destruction du palais du prince, situé, comme ceux des
autres daïmios, dans le quartier noble de la ville.
Après avoir rappelé en termes pathétiques la destruction d'une partie de la capitale et les dangers
courus par la personne auguste du mikado, la proclamation concluait ainsi :

« .... Dès demain, les palais de Tchò-chiou seront détruits et ses gens châtiés. A partir de la cinquième heure (huit heures du matin) jusqu'à la quatrième (dix heures du matin), aucun Japonais ne pourra quitter sa demeure. A la quatrième heure, au son des tambours et des cloches, tout Japonais pourra, sans franchir toutefois les limites assignées par les yacounines, s'approcher des ruines du palais et assister au châtiment du rebelle de Tchò-chiou. »

Le lendemain, à l'heure dite, l'exécution avait lieu. Le palais était cerné par les yakounines, tandis que des escouades d'ouvriers, se mettant à l'œuvre, commençaient à renverser et à détruire tout ce qui s'élevait dans ses murs ; par application de la loi japonaise, englobant les serviteurs dans la punition de leur maître, tout ce qui serait trouvé de vivant dans l'enceinte devait être passé par les armes. D'après les premières versions arrivées à Yokohama, un grand nombre de serviteurs, de femmes et d'enfants avaient été ensevelis sous les ruines ou massacrés ; il paraît toutefois que ce premier compte rendu était sinon faux, au moins entaché de beaucoup d'exagération, et qu'en tout cas un très-petit nombre de serviteurs, n'ayant pu ou voulu s'échapper à temps du palais, tombèrent victimes d'une loi poussant à ses dernières limites le principe de la responsabilité.

Les derniers bâtiments, avons-nous dit, venaient de rallier Yokohama le 30 septembre. Il fut décidé que, mettant à profit l'effet moral du succès de

Simonoseki, les ministres étrangers se rendraient à Yedo pour conférer avec les membres du gouvernement, et qu'ils seraient accompagnés par les divisions alliées. Nous appareillâmes le 5 octobre pour la baie de Yedo avec *la Sémiramis* et *le Dupleix*; trois corvettes hollandaises et cinq ou six navires anglais complétaient la petite escadre, qui fut rendue en quelques heures à son nouveau mouillage.

Le fond du golfe de Yedo est peu praticable aux gros navires, en raison de la faible profondeur de l'eau au delà de Kanagawa. Nous dûmes jeter l'ancre à deux milles au sud des défenses de la rade : cinq forts en ligne droite, bâtis sur pilotis, montraient au-dessus de l'eau leur escarpe polygonale en maçonnerie; à deux milles en arrière des forts, une suite de collines basses bordait l'horizon d'une ligne confuse de verdure et d'édifices à peine perceptibles dans l'éloignement; c'est ainsi qu'apparaît Yedo vu de la mer. A gauche, une rangée de collines qui, plus élevées, nous cachait le mouillage de Yokohama; non loin des forts, un petit groupe de navires portant la flamme et le pavillon du taïcoun était à l'ancre auprès de grosses jonques marchandes [1].

La capitale officielle du Japon se recommande

1. Les Japonais, en raison des inconvénients du mouillage de Yedo, ont récemment adopté comme arsenal provisoire un petit

moins par ses aspects que par l'étude des mœurs de sa population ; nous n'aurons donc qu'à parler de sa physionomie, laissant à d'autres voyageurs favorisés par un plus long séjour à Yedo que celui que nous avons pu y faire, le soin de décrire les coutumes et les fêtes, la façon de vivre publique et intime de ses habitants.

Au premier coup d'œil, l'aspect de Yedo, quoique agréable, ne présente rien de particulier ; le voyageur qui s'attend à un spectacle imprévu en éprouve presque une déception. La ville occupe une immense plaine entrecoupée de collines et sillonnée par trois ou quatre bras de rivière. De grands enclos boisés, propriétés des bonzeries, des familles nobles ou du gouvernement, séparent entre eux les différents quartiers ; en sortant d'une rue populeuse, pleine de bruit et de mouvement, l'on se trouve transporté sans transition dans de longues avenues silencieuses, parfois au milieu de champs ou de vergers ; on dirait une suite de villages échelonnés dans une campagne verdoyante. Cette disposition, jointe à une population évaluée à trois millions d'âmes, donne le secret de son immense étendue. Le promeneur peut s'en rendre compte en s'élevant sur le sommet de l'une des collines. La pagode de Saïkaïdji, chapelle funé-

port situé à l'entrée du golfe de Yedo, en dedans de la pointe d'Ouraga.

raire d'une famille de daïmios, qui sert provisoire-
ment de légation de France, occupe l'un de ces
sommets, d'où l'on découvre d'un côté la ville, de
l'autre la rade avec ses cinq forts en ligne droite,
fermés à la gorge par une étroite poterne. A un
kilomètre environ de Saïkaïdji, un bel escalier
en pierre conduit à l'esplanade d'Atango-Yama :
de petits pavillons, où de jeunes servantes japonaises vendent du thé et des gâteaux, permettent
au promeneur de se reposer des fatigues de l'as-
cension, tout en jouissant du coup d'œil du panorama de Yedo. Une mer de toits en tuiles noires,
avec leurs bordures en chaux blanche, entrecoupée d'îlots de verdure, occupe tout le paysage jusqu'à l'horizon ; pas de tours ni de monuments, il
n'existe rien de semblable dans une ville sujette à
d'incessants tremblements de terre [1] ; de temps
à autre seulement, un toit plus saillant indique
une pagode, une bonzerie ou une habitation seigneuriale. Ces dernières sont groupées pour la
plupart en un seul quartier, au centre de la ville ;

[1]. Les seuls monuments d'une certaine élévation que nous
ayons vus au Japon sont les hautes tours à deux et trois étages
qui flanquent l'enceinte des châteaux de Daïmios, encore sont-
elles construites en charpente massive, revêtue de maçonnerie
à la partie inférieure seulement, jusqu'à la même hauteur que
la muraille adjacente. Il existait, il y a peu d'années, à Yedo,
quelques tours semblables sur le palais du taïcoun. Elles ont été
détruites dans un incendie et n'ont pas été reconstruites depuis.

et c'est au milieu d'elles que s'élève à son tour le palais du taïcoun. Quelques lignes d'édifices plus régulières, une certaine apparence de murs fortifiés indiquent ce quartier dans le panorama vu de la colline. Nous prions le lecteur de descendre avec nous l'escalier d'Atango-Yama, et de se diriger de ce côté, vers lequel, sur notre demande, l'escorte de yakounines qui nous accompagne se dirige comme à contre-cœur. Le pas de nos chevaux, le bruit d'une troupe de *tôdginns* (littéralement *hommes de l'Ouest*, désignation employée par les Japonais pour les étrangers en général) va troubler dans leur repos ses nobles habitants. On y rencontre, en outre, beaucoup d'officiers des princes; c'est là sans doute ce qui effraye nos gardiens, sur lesquels semble peser comme un lourd fardeau la responsabilité de notre protection.

Pour parvenir à la ville officielle, nous longeons un quartier considérable détruit, il y a quelques semaines à peine, par un incendie. Sur le vaste emplacement mis à nu par le fléau s'élèvent, comme autant d'îles, de petites maisons à un étage, ayant avec leurs murs épais et leurs fenêtres aux volets massifs, l'apparence de véritables blockhaus. La flamme a laissé son empreinte sur les murs parsemés de traînées noires, sur les tuiles roussies et fendillées par la chaleur; mais les édifices sont restés debout, et, quoique isolés les uns des autres, donnent encore l'alignement des rues primitives. Déjà familiarisés avec les habitudes japonaises, nous devinons facilement ce qui serait une énigme pour le voyageur nouvellement débarqué. Ceci nous amène à parler d'un fléau qui joue un grand rôle dans la vie japonaise, vu son extrême fréquence et ses effets.

Les villes japonaises sont entièrement construites en bois; légères et divisées intérieurement par des châssis à carreaux de papier, les habitations sont éminemment combustibles; cinq minutes suffisent, dans un incendie, à la destruction complète d'un pâté de maisons. Les nattes en paille dont sont tapissés les planchers, l'emploi que font les habitants de braseros et de lanternes en papier posés sur le sol des appartements, explique l'extrême fréquence des incendies, en hiver principalement. Lorsqu'à cette époque nous étions mouillés à Yokohama, il ne se passait pas de semaine sans que pendant une ou deux nuits au moins une lueur rougeâtre éclairant le ciel au-dessus des collines de Kanagawa vînt nous annoncer qu'un quartier de Yedo brûlait.

Mille précautions sont prises cependant par l'autorité pour combattre le fléau : des piles de cuves et de seaux entretenus pleins d'eau sont disposées à demeure dans toutes les rues, avec des pompes en bois; des corps nombreux d'hommes du peuple organisés en escouades des pompiers, avec leurs chefs et leurs bannières, sont prêts à accourir au premier signal. Des cloches d'alarme existent dans chaque quartier; au premier son tout le monde accourt; les yacounines et gouverneurs, revêtus d'une sorte d'armure destinée à les garantir du feu, viennent diriger les travailleurs. Tout cela semble au premier abord parfaitement organisé; mais voici le revers de la médaille : l'effet de leurs mauvaises pompes est insignifiant; le système qu'ils emploient invariablement pour arrêter les progrès du fléau est éminemment primitif et reproduit identiquement ce qui se passe dans les villes turques en semblable circonstance. Au lieu de faire résolûment la part du feu, et de l'isoler en traçant autour du quartier atteint une tranchée dans les édifices, ils se gardent bien de toucher à une maison avant qu'elle soit irrévocablement perdue. Dès que le feu n'en est plus qu'à quelques mètres, le chef d'une escouade s'élance sur son toit, y plante son drapeau, et aussitôt les travailleurs, s'abattant autour de lui, font voler les tuiles et craquer les charpentes; l'unique résultat de ce labeur est de faciliter la propagation de l'incendie, qui ne s'arrête qu'à un canal, à une esplanade ou à une rue plus large que les autres. Nous avons été plusieurs fois témoins de cette manière de faire à Yokohama, lorsque le feu se déclarait dans la

ville indigène; les corvées de marins envoyées par
les bâtiments de guerre avec les pompes de bord y
étaient fort mal reçues lorsqu'elles entreprenaient
d'agir d'une autre façon; on a dû renoncer à inter-
venir dans ces occasions, qui amenaient toujours
des rixes sérieuses. Avec leur esprit éminemment
conservateur, les Japonais ne paraissent pas vouloir
changer plus que toute autre de leurs institutions
ce système suivi par leurs ancêtres. L'incendie n'est
donc pas chez eux un événement extraordinaire,
mais un accident journalier; on annonce le feu
dans un quartier, comme chez nous on signalerait
une averse de grêle. Bien convaincus, en tous cas,
de leur impuissance à combattre le fléau, ils ont
songé à d'autres moyens d'en atténuer les effets.

Tout commerçant ayant chez lui une certaine
quantité de marchandises à demeure, fait englober
dans son habitation une sorte de tour en matériaux
incombustibles, dont le toit dépasse ordinairement
celui de la maison environnante. Le fond de la construction est en bois, mais revêtu d'une épaisse
muraille en ciment, à la surface lisse comme du
stuc. — La porte et les rares ouvertures sont également d'une grande épaisseur et tournent lourde-
ment sur des gonds en fer; dès que l'incendie
menace le quartier, le propriétaire enferme dans
ce magasin ses marchandises, ses effets précieux,
cimente les joints avec de la terre glaise, et s'éloigne

enfin avec sa famille ; après le passage du feu il retrouvera, debout au milieu des cendres, cette seule partie de sa demeure. Dans les maisons plus modestes, ou dépourvues de marchandises, un petit caveau recouvert d'une dalle sert au même office.

Cette digression permettra de comprendre l'apect que présentait le quartier de Yedo que nous traversions ; de nouvelles rues commençaient d'ailleurs à s'élever sur les anciens alignements, et à relier entre elles ces tours d'une apparence singulière. — Après avoir longé plusieurs édifices occupant une assez grande étendue, mais fort tristes d'aspect avec leur peu de hauteur et leurs fenêtres grillées, qu'on nous désigna comme des casernes et écoles destinées aux jeunes officiers du taïcoun, nous arrivâmes à l'une des portes qui donnent accès dans le quartier des daïmios.

En pénétrant dans l'enceinte du quartier officiel de Yedo, la physionomie de la ville change complétement. Le terme de palais ne répond pas ici à l'idée que nous en dérivons habituellement ; les Japonais ignorent ou négligent l'emploi des ressources architecturales pour l'ornementation extérieure de leurs habitations. Le quartier aristocratique de la capitale du Japon, celui où se groupent les palais de daïmios, offre une suite d'édifices peu élevés, sans étage, cachés chacun derrière une enceinte dont les murs, avec leurs fenêtres grillées,

17

ont l'apparence de fortifications. De temps à autre, une porte massive en bois laqué, ornée de gros clous et de charnières en bronze et surmontée des armes du daïmio, donne accès sur la voie. Après le bruit de la ville plébéienne, ce qui frappe le promeneur introduit subitement dans ce quartier, c'est le silence et l'aspect solennel de ses longues rues. En longeant ces interminables enceintes, vous apercevez à peine quelques figures apparaissant curieusement par l'entre-bâillement d'une porte ou le grillage d'une fenêtre. De temps à autre passe le cortége d'un daïmio se rendant à l'audience, assis dans son norimon, accompagné de la suite et des insignes exigés par l'étiquette; ou bien un *hatta-motto*, en grande tenue de ville, sortant de chez lui à cheval. Deux *bétos* tiennent les rênes de sa monture, sur laquelle il est gravement assis, revêtu de l'élégant *kami-shimon* de soie bleue, son large chapeau plat en laque bleue ou noire ramené sur le front; de chaque côté du cheval marchent deux officiers; derrière, quelques serviteurs portent la lance, emblème de son rang, et les boîtes laquées contenant ses effets. Ailleurs, sur une esplanade de gazon, de tout jeunes garçons, sous l'œil du professeur, s'exercent à monter à cheval ou à tirer de l'arc; généralement toutefois, ces exercices ont lieu dans l'intérieur de ces grandes enceintes soigneusement fermées, où l'on peut entendre résonner tout le jour le bruit de la mousqueterie et parfois du canon.

Du palais du taïcoun l'on n'aperçoit que l'enceinte, énorme muraille revêtue d'une maçonnerie cyclopéenne et bordée d'un fossé plein d'eau ; cette muraille peut avoir deux kilomètres de tour ; des portes fortifiées, précédées de ponts, y donnent accès. En faisant le tour de l'enceinte, nous longeâmes un large emplacement quadrangulaire, entouré d'une barricade de planches et dont le sol entièrement nu paraissait avoir subi une dévastation récente ; quelques souches d'arbres calcinées, l'orifice béant de deux ou trois puits, des débris informes de tuiles et de pierres, témoignaient que des habitations avaient dû exister naguère au lieu et place de cette solitude. « Le palais de Tchôchiou, » dirent laconiquement, en montrant du doigt l'emplacement, les yakounines à cheval qui nous servaient d'escorte. C'était, en effet, tout ce qui restait du palais du prince.

Le Gorogio tient ses séances dans un grand édifice voisin de l'enceinte taïcounale. Le lendemain de l'arrivée des divisions, les ministres, accompagnés des commandants en chef, tinrent avec ses membres une séance solennelle. Ils s'étaient installés la veille à leurs légations respectives, escortés de forts détachements de soldats et de marins fusiliers qui campèrent pendant ces quelques jours dans les dépendances des légations. Comme d'habitude, une armée de *yakounines* en occupait les issues [1].

Dans cette séance furent discutées les bases d'un arrangement général des difficultés ayant trait à l'exécution des traités, arrangement qui fut libellé définitivement quelques jours après. Le gouvernement japonais renonçait à réclamer la fermeture du port de Yokohama ; il cesserait d'apporter des entraves au commerce, et en particulier laisserait immédiatement arriver les soies sur le marché de Yokohama. Il acceptait désormais la convention de Paris, et se chargeait de faire appliquer le traité provisoire signé par le prince de Nagato et les commandants en chef. L'indemnité, arrêtée, comme chiffre total, à 18 millions de francs, serait payée par ses soins aux gouvernements étrangers. Enfin les représentants des puissances seraient réinstallés à Yedo, où l'on s'occuperait de leur reconstruire des légations.

Sir R. Alcock insista néanmoins pour l'insertion dans la convention ci-dessus d'un article laissant aux gouvernements étrangers le choix d'accepter l'indemnité ci-dessus, ou de réclamer, à sa place,

1. Ces précautions, malgré le calme dont paraissait jouir Yedo, ne paraissaient pas plus inutiles que par le passé. Un fanatique parvint à pénétrer, pendant une des premières nuits, dans la légation hollandaise ; il fut toutefois mis en pièces, après avoir eu le temps de surprendre et de blesser plusieurs yakouines de garde.

l'ouverture au commerce maritime du port de Simonoseki [1].

Ces concessions promettaient d'être et furent en effet l'inauguration d'une situation meilleure, qu'il fallait attribuer d'une part au raffermissement du pouvoir taïcounal [2]; d'autre part, suivant les prévisions, à l'effet produit par la communauté d'entente des nations étrangères et l'expédition de Simonoseki. Le commerce des soies avait été complétement interrompu depuis quelques mois; on les vit arriver sur le marché de Yokohama aussitôt après le retour des ministres de Yedo, tandis que le gouvernement japonais s'occupait de l'exécution des autres clauses. Dans les dernières conférences tenues à Yokohama, Takemoto, poussé par les ministres, avait peu à peu fait des aveux relativement au point fondamental de la constitution japonaise : le taïcoun était bien et dûment le subordonné du mikado; si ce dernier lui laissait, dans le cours ordinaire des choses, la direction complète des affaires du royaume, il se réservait cependant les décisions d'une importance extraordinaire; enfin il était vrai que, tout en paraissant

1. Les gouvernements étrangers se sont récemment, d'un commun accord, décidés pour l'acceptation du payement de l'indemnité.

2. Vers cette même époque, les familles de daïmios qui avaient abandonné Yedo depuis 1862 revinrent habiter la capitale.

envisager d'un œil plus calme l'introduction des étrangers sur le sol du Japon, il n'avait pas encore donné sa sanction à leur présence et aux traités qui la légalisaient à nos yeux. C'est donc à cette sanction que devaient tendre désormais les efforts de nos représentants, comme le seul gage certain de la paix et de la prospérité futures. Le gouvernement de Yedo reconnut la justesse de cette conclusion, et promit de s'employer activement dans ce sens dès qu'il aurait terminé la question de Nagato. En ce moment, apprit-on, un corps d'armée, rassemblé par le taïcoun et grossi des contingents de plusieurs daïmios, se réunissait à Osaka pour marcher de là sur le territoire du prince rebelle [1].

Le daïmio Sakaï vint à Yokohama renouer ses anciennes relations avec les ministres. Par ses soins, une revue des troupes japonaises du district eut lieu devant les représentants et les commandants en chef étrangers. Après avoir assisté aux manœuvres de ligne exécutées par deux bataillons d'infanterie organisés et équipés à l'européenne, nous eûmes le curieux spectacle d'un corps de

---

1. D'après les dernières nouvelles du Japon (juillet 1865), le taïcoun en personne venait de quitter Yedo pour aller se mettre à la tête de son armée. On l'avait vu passer sur la grand'route du Tokaïdo, à Kanagawa, avec un cortége de plusieurs mille hommes.

guerriers simulant un combat suivant l'ancienne tactique japonaise. La scène se passait dans la cour intérieure d'un petit château situé dans les faubourgs de Yokohama, au pied de la colline des Gouverneurs. Les manœuvres de bataillon exécutées avec assez d'ensemble par les fusiliers du taïcoun nous avaient initiés à leurs efforts pour acquérir la science moderne de la guerre, et les autorités japonaises paraissaient passablement fières de leur exhibition ; mais pour nous tout l'intérêt du spectacle résidait dans sa seconde partie.

En pénétrant dans une seconde cour, nous avions déjà aperçu une troupe de cent cinquante à deux cents guerriers revêtus de leurs costumes de combat : quelques-uns à cheval, les autres à pied, armés de sabres, d'arcs et de lances. La description de leurs armures serait trop longue, vu leur diversité; sur le casque des chefs se dressaient des ornements singuliers, des figures de monstres, des cornes de cerf ou de bœuf d'une grande hauteur; des aigrettes en or ou en argent de toutes formes; quelques-uns portaient un masque noir en fer, garni d'une moustache postiche en crins blancs qui leur donnait une physionomie hideuse. L'aspect des armures, mélange de mailles de fer et de métal recouvert de laque, variait à l'infini, ainsi que la couleur d'un manteau flottant

sans manches (le *djinn-baori*) que la plupart portaient par-dessus la cuirasse. Plusieurs avaient,
attaché sur le dos, et flottant au-dessus de leur
tête, un étendard déployant au vent leurs armoi-
ries dessinées en couleurs éclatantes. Un gros
tambour gisait à terre ; quelques trompettes tenaient à la main une conque marine munie d'une
armature en cuivre. Toute cette foule bigarrée était
au repos, dispersée sur le gazon. Semblable à un
clan sous les ordres de son chef, un groupe de
guerriers accroupis faisait cercle autour d'un seigneur reconnaissable à la richesse de son armure,
et gravement assis sur un pliant. Un autre chef,
incommodé par la chaleur, avait ôté son casque,
qu'un jeune page portait respectueusement derrière lui, à la mode de nos anciens chevaliers. —
Ce premier coup d'œil nous promettait donc un
spectacle plein d'intérêt et de nouveauté.

A un signal des autorités japonaises répondit
bientôt un sourd mugissement. C'était le bruit
des conques appelant les guerriers à leur rang.
Par deux issues opposées entrèrent dans la cour
deux cavaliers qui marchèrent à la rencontre l'un
de l'autre et échangèrent quelques paroles ; nous
eûmes plus tard l'explication de ce premier incident.

Dans les anciennes guerres féodales du Japon,
lorsque deux partis se rencontraient en campagne,

ils envoyaient en avant deux parlementaires, dont chacun énonçait les noms et qualités de son chef; les deux chefs étaient-ils ennemis, il fallait encore savoir si, par une égalité suffisante dans leur rang de noblesse, le combat était permis entre eux sans qu'il y eût dérogation; alors seulement les deux partis se disposaient à en venir aux mains : telle était du moins la règle générale, que l'on devait , probablement oublier quelquefois, au milieu des circonstances imprévues de la guerre.

Les deux cavaliers étant revenus sur leurs pas, la tête d'une colonne parut à l'entrée de la cour. Un officier, flanqué de deux porte-étendards, s'avança de quelques pas, puis exécuta avec le haut du corps et le bras quelques mouvements que suivaient parallèlement les deux drapeaux. — On eût dit un prévôt d'armes adressant les saluts d'usage à l'adversaire avec lequel il va se mesurer; c'était en effet le salut fait à l'ennemi avant le combat. — L'officier plaça les deux porte-étendards à quelques pas de lui, l'un à droite, l'autre à gauche, et aussitôt débouchèrent deux escouades de lanciers, marchant à la file, au pas gymnastique; en tête de chacune un officier, montrant le chemin, agitait, pour donner ses ordres, un petit bâton terminé par une houppe en papier. Défilant le long des porte-étendards qui leur servaient de jalon, les deux escouades vinrent se ranger un peu en avant, formant un angle dont la pointe était dirigée sur l'ennemi. — Cette manœuvre fut répétée par deux nouvelles files de lanciers, qui, dépassant les premières, vinrent former deux angles nouveaux un peu en avant du premier, les deux sommets sur une même ligne. — A ce moment, les lanciers des deux dernières files s'accroupirent par terre, la lance en avant, tandis que les premières, se remettant en marche, venaient reformer leur angle aigu en avant des deux autres. — De cette façon, l'avant-garde du petit corps d'armée cheminait lentement, chaque section couvrant celle qui effectuait son mouvement; le gros des forces parut aussitôt après elle.

Les trois chefs s'avançaient côte à côte, seuls à cheval, entourés d'une nombreuse cohorte d'officiers, qui formaient un demi-cercle en avant d'eux; à quelques pas derrière venaient le tambour, porté à dos d'homme, et la ligne des soldats tenant à la main des conques marines; de temps en temps, trois coups frappés sur la caisse étaient suivis de trois mugissements produits par ces curieux instruments. Après eux marchait enfin, en guise d'arrière-garde, un dernier rang de guerriers armés de lances. — Le corps entier s'avança ainsi progressivement; les hommes étaient silencieux: les ordres se donnaient en agitant les bâtons de commandement; puis, tout d'un coup, avec de grands cris, ils se précipitèrent en avant sur l'ennemi supposé: c'était le simulacre de la mêlée.

Après le spectacle du combat, nous eûmes encore quelques scènes qui devaient figurer la célébration de la victoire. — Les guerriers formèrent un grand cercle autour des chefs; ceux-ci, à trois reprises, poussèrent un cri rauque, auquel répondit chaque fois un hurlement général, sur un ton très-grave, et d'un effet singulier. — En dernier lieu, l'un des chefs, assis sur son pliant, fit lecture d'un écrit que vint lui remettre un guerrier avec maintes prosternations. Peut-être étaient-ce les félicitations adressées par le taïcoun aux vainqueurs.

Un défilé termina cet intéressant spectacle. — A part quelques détails, nous avions vu passer sous nos yeux, pendant ces quelques heures, comme une évocation du moyen âge avec sa chevalerie et ses tournois.

A quelques jours de là, les mêmes manœuvres furent encore répétées devant sir R. Alcock, qui avait voulu les montrer à son régiment de ligne.— Le régiment anglais se rangea vis-à-vis des troupes japonaises pendant leurs manœuvres, et, à son tour, exécuta quelques exercices à feu; des hourras répondirent aux hurlements des Japonais. — Ces manifestations, ou plutôt l'idée qui en était venue aux autorités japonaises, étaient d'un bon augure pour les relations à venir des étrangers avec le gouvernement du taïcoun.

Un fâcheux événement vint cependant jeter la tristesse au milieu de cette période de tranquillité. — Le 21 novembre 1864, deux officiers de l'armée anglaise, le major Baldwin et le lieutenant Bird, du 20e régiment de ligne, se promenant à cheval dans les environs du temple de Kamakoura, à six lieues de Yokohama, tombaient sous le sabre d'assassins inconnus. — Le châtiment toutefois ne se fit pas longtemps attendre : le principal auteur du crime, le lônine Shimidzo-Séidji, découvert et arrêté trois semaines après l'événement, subit le dernier supplice à Yokohama, en présence des troupes anglaises formées en carré sur le lieu de l'exécution[1]. — Son attitude fanatique et ses dernières paroles prouvèrent indubitablement son identité. Huit jours avant, deux affiliés d'une bande dont le lônine Shimidzo était le chef avaient également eu la tête tranchée. Cette expiation publique et solennelle ne put laisser de doutes sur la non complicité et le tardif bon vouloir des autorités japonaises ; suivant leur dire, le triste événement ne fut, politiquement parlant, « qu'un léger nuage dans un ciel serein. »

1. La veille de l'exécution, le condamné fut promené à cheval dans les différents quartiers de Yokohama. Sa tête resta exposée, pendant trois jours, à la principale porte de la ville.

Cet incident, que suivit une longue période de tranquillité, terminera notre récit. Nous quittâmes le Japon en février 1865 ; à ce moment, les autorités étrangères, désormais plus tranquilles sur le maintien des bonnes relations, s'occupaient d'améliorations d'une nature toute pacifique. — De nouvelles concessions de terrains allaient, à Yokohama, permettre l'agrandissement du quartier européen. — Grâce à l'initiative de notre ministre et du commandant de notre division navale, le gouvernement du taïcoun, projetant de construire un arsenal maritime dans le golfe de Yedo, s'adressait à un de nos ingénieurs pour la direction des travaux, à notre industrie pour les commandes qu'allait nécessiter cette importante entreprise. — Le gouvernement de Yedo avait, il est vrai, de son côté de plus sérieuses préoccupations. Le prince de Nagato persistait dans la résistance, et l'armée destinée à opérer contre lui se rassemblait lentement près d'Osaka ; mais, d'après nos renseignements sur les moyens dont disposaient les deux partis, il était difficile de douter du succès définitif du taïcoun. Aussitôt après cette campagne, avait écrit le Gorogio aux représentants étrangers à Yokohama, le gouvernement de Yedo allait s'occuper de la ratification définitive par le mikado des traités conclus en 1858.

Il a été difficile en tous temps, au milieu de la succession rapide d'événements dont le Japon était le théâtre, au travers de ces alternatives de situations tranquilles et alarmantes, de se faire une opinion sur le progrès et le sort futur de nos relations avec ce pays; aujourd'hui cependant, avec des notions plus précises sur les événements qui l'ont agité, avec une plus longue suite d'observations à résumer, l'on peut, sans trop de présomption, donner une appréciation de l'ensemble des faits, et en tirer des déductions intéressantes. Nous allons essayer de le faire, en nous demandant quel doit être l'avenir de nos relations avec le Japon, quelle est la meilleure voie à suivre pour les conserver pacifiques et fructueuses, quel est, d'un autre côté, le sort réservé à ce peuple intéressant par la nouvelle existence que les traités lui ont faite depuis ces dernières années.

Au Japon, le jour où les traités ouvrirent aux étrangers l'accès de son territoire, deux éléments se trouvèrent brusquement en présence : d'une part, une société fortement organisée, mais éminemment conservatrice et stationnaire, et basant avec logique le maintien de son immobilité sur un complet isolement des autres sociétés humaines ; d'autre part, l'avant-garde de l'émigration jetée sur tous les continents par l'esprit d'entreprise et la force d'expansion des nations européennes, apportant avec elle la fièvre commerciale et les idées philosophiques de notre époque.

Nous avons déjà donné quelques aperçus sur l'organisation de la société japonaise, société restée stationnaire depuis des siècles, et conservant intact son caractère féodal et militaire; nous avons montré chacun de ses membres restant dans la caste où l'a placé le hasard de sa naissance, héritant de la profession de ses pères et destiné à vivre comme ils ont vécu; la classe des nobles vivant dans ses châteaux, occupant les emplois du gouvernement ou les hautes charges ecclésiastiques de la cour spirituelle du mikado, ayant directement sous ses ordres une foule d'officiers, d'hommes d'armes, de petits fonctionnaires, de prêtres, formant entre eux et le peuple une sorte de classe moyenne; enfin le peuple, divisé en pêcheurs, agriculteurs, artisans et marchands. Reposant de la sorte sur l'inégalité sociale, cette constitution paraît toutefois exclure l'arbitraire; la grande responsabilité qui incombe aux gouvernants, l'étroite surveillance qu'exerce sur eux le pouvoir centralisateur de Yedo, la force que donne à ce pouvoir l'emploi tout exceptionnel de l'espionnage, tout cela paraît assurer aux gouvernés justice et sécurité. En échange de cette quiétude, ils devront à leurs supérieurs dans l'ordre social respect et obéissance absolus. Telle est la machine japonaise;

une longue paix intérieure et extérieure de trois
siècles, un complet isolement du reste du monde,
ont permis aux souverains qui se sont succédé de
la polir et de la perfectionner dans ses moindres
rouages : aussi n'en existe-t-il pas sans doute qui
pousse à ce même degré la réglementation et la
prévision de toutes choses.

C'est en présence de ce mécanisme conservateur
qu'arrivait brusquement, il y a dix années, le premier flot de l'émigration des races européennes,
déjà installée sur les côtes voisines de l'empire
chinois, et représentée, en cette circonstance, par
les Américains, les plus nombreux et les plus har-
dis de ces pionniers de la civilisation. Des traités
évidemment arrachés au gouvernement du pays
par la crainte, venaient de renverser du jour au
lendemain, sans le moindre conflit, les barrières
dont il s'était entouré depuis trois siècles. Peu de
temps après, l'incompatibilité d'humeurs et d'idées
avait déjà donné pour ennemis aux nouveaux arrivants tout ce qui appartenait aux classes supérieures ; celles-ci voyaient dans l'avenir, sinon la
conquête et l'asservissement du Japon, au moins
la certitude d'une révolution sociale qui entraînerait la perte de leur autorité et de leurs antiques
priviléges.

Ce fut dès lors une lutte de tous les jours entre
le gouvernement du pays, qui cherchait à recon-

quérir pied à pied le terrain qu'il avait trop brusquement cédé, et les étrangers qui s'étonnaient des
entraves apportées à l'exercice de droits consacrés
par des traités volontairement souscrits, des traités
qui, chose assez rare en Orient, n'avaient pas été
la conséquence de la guerre. Pendant qu'au travers d'une foule d'incidents, les comptoirs se
créaient et prenaient un certain développement,
le pays parut se diviser entre deux partis opposés.
La question du maintien des étrangers sur le sol
du Japon avait été l'origine de cette scission, qui
se compliqua de questions de rivalité et d'ambition
personnelles. Entre les étrangers qu'il savait ré-
solus et puissants, mais qu'il cherchait néanmoins
à intimider, et les représentants de la vieille féodalité du Japon s'insurgeant contre les mépris de
leurs derniers priviléges, qu'il désirait soumettre
irrévocablement à son autorité, le gouvernement
de Yedo manœuvra habilement, ménageant avec
soin les deux partis, tout en développant activement ses moyens d'attaque et de défense. Chaque
fois que les premiers élevaient la voix, chaque fois
surtout qu'ils faisaient suivre la menace de l'exe-
cution, il savait devenir pour un temps d'humeur
plus facile et plus accommodant; il retournait ensuite insensiblement à ses errements antérieurs,
en paraissant céder à l'ascendant de l'autre parti.

Un peu plus tard en effet (de 1863 à 1864) ce

8

parti parut faire des progrès rapides, bien plus alarmants pour la sécurité des nouveaux comptoirs que toutes les menaces du gouvernement de Yedo; ce dernier allait devenir impuissant à garder ses derniers engagements et à maintenir à distance suffisante nos ennemis déclarés. — La communauté de vues et d'entente qui sortit en 1863 du danger commun, et qui rapprocha les autorités étrangères, jusqu'alors hésitant dans le choix d'une ligne de conduite et isolées les unes des autres, aida, nous n'en pouvons douter, à faire succéder à cet état précaire la situation meilleure dont on jouit aujourd'hui. Les mesures adoptées pour la protection de Yokohama démontrèrent d'abord au gouvernement de Yedo notre ferme volonté de ne rien céder; un peu plus tard une vigoureuse répression des attentats commis par le chef du parti ennemi des étrangers donnait à ce parti la mesure de notre force. — De son côté, le pouvoir du taïcoun se raffermit, et, grâce aux excès du parti opposé, vit s'accroître le nombre de ses adhérents.

La question de l'abandon volontaire du Japon, ou même d'un seul des droits que nous accordent catégoriquement les traités, n'est pas aujourd'hui discutable. — Nous devons donc nous demander quelle ligne de conduite a le plus de chances de concilier, avec le maintien de la paix, l'entier exercice de ces droits.

Le gouvernement du taïcoun paraît devoir triompher définitivement de ses ennemis; le parti qui a pris les armes contre lui, le même que durent combattre pendant plusieurs siècles ses prédécesseurs, n'a pas assez d'unité ni de ressources pour lui offrir une bien dangereuse résistance. — C'est donc cette autorité seule que nous devons reconnaître, et *appuyer au besoin*, au Japon ; elle est la plus compatible, par sa forme et ses institutions, avec notre présence, et nous n'aurions pas avantage à favoriser la division du pays en y contractant d'autres alliances. — L'anarchie pourrait se prolonger longtemps; elle serait un danger pour l'existence des résidents étrangers et une entrave au développement du commerce.

Mais si nous conservons au gouvernement de Yedo l'appui de notre alliance, de nos conseils, des énormes bénéfices de notre commerce, nous devons, en retour, exiger de lui une conduite plus franche que celle qu'il a tenue jusqu'à ce jour. — L'exécution complète des clauses des traités, voire même de celles dont la convention de 1862 a prorogé l'application jusqu'au 1er janvier 1868, une entière franchise dans ses relations avec les gouvernements étrangers et leurs représentants doivent remplacer les efforts par lesquels il cherchait, il y a un an encore, à restreindre le développement de nos comptoirs. — Il ne faut pas reculer devant la manifestation de justes exigences : une guerre générale du gouvernement japonais avec les étrangers n'est pas à redouter ; il connaît trop, pour s'y engager, la supériorité militaire des nations occidentales ; mais une conduite très-ferme peut seule le maintenir dans l'observation de ses devoirs.

Nous avons parlé, jusqu'à présent, au point de vue européen, au point de vue de l'intérêt commun de toutes les puissances en relation avec le Japon. — Il convient, après cela, de chercher à voir quels sont les véritables intérêts de la France et le rôle qu'elle doit jouer sur ce théâtre.

Le mouvement de notre marine de commerce est presque nul dans les mers de Chine et du Japon : mais nous avons dans ce dernier pays quelques maisons françaises, et un petit noyau de nationaux qui s'accroît peu à peu de nouveaux arrivants, préférant, on doit le dire, le séjour de ces ports francs, sans nationalité distincte, à celui de nos colonies, où l'esprit français, manquant encore d'initiative en ce qui concerne les entreprises lointaines, ne parvient pas à créer une activité commerciale sérieuse. En tout cas, nous ne mettons qu'en seconde ligne l'importance du commerce français au Japon. Notre principale préoccupation, celle qui d'ailleurs a jusqu'ici dirigé la conduite de nos représentants, doit y être d'un autre ordre.

Tous les gouvernements sont, à l'heure qu'il est, auprès du gouvernement de Yedo, sur le pied d'égalité consacré par les traités de 1858, à part l'influence que peut leur donner dans ses conseils la puissance de leurs pays respectifs. Ils s'observent néanmoins mutuellement, et cette sorte de rivalité est la sauvegarde du Japon. Sans elle, ce riche pays deviendrait facilement la proie exclusive d'une nation résolue à faire quelques sacrifices pour sa conquête partielle ou totale. La scission actuelle de quelques parties du pays faciliterait cette tâche ; il y aurait, il est vrai, tout une classe de la nation à faire disparaître, celle de la noblesse, qui ne serait jamais réduite à l'obéissance ; mais elle est peu nombreuse, et le peuple, restant étranger à la guerre, n'interromprait pas ses travaux et se ferait bien vite à ses nouveaux maîtres.

C'est ce résultat qu'il est opportun de prévenir, et, pour cela, une grande vigilance, notre intervention poussée suffisamment loin dans tous les démêlés sérieux, le maintien d'un accord complet entre les gouvernements vis-à-vis celui du Japon, sont nécessaires. Nous devrons donc avoir toujours à Yedo un ministre auquel on n'aura pas craint de laisser une assez grande liberté d'allures, que justifie la distance de ces parages, un commandant de division ou de subdivision navale toujours prêt, à un moment donné, à montrer le pavillon là ou il sera nécessaire, et à coopérer, autant que possible, à toute opération entreprise par les forces d'une autre puissance sur un point quelconque du pays.

Nous croyons avoir démontré que les étrangers peuvent désormais, sans que l'on ait à craindre de conflit, se maintenir sur le sol du Japon, et jouir enfin des avantages que promettaient prématurément les traités de commerce. Mais, après ce résultat, et pour que le Japon soit réellement ouvert, il faudra laisser ce pays, grâce au temps et à l'influence d'un contact journalier avec nous, s'assimiler peu à peu l'esprit de l'Occident. Sur cette assimilation, sur la façon dont elle pourra se faire, quelques aperçus seront utiles, et formeront la conclusion naturelle de notre récit.

Les hautes classes du peuple japonais avaient raison, sans doute, de voir dans l'influence des idées égalitaires sur les classes inférieures une menace pour leur autorité et leurs priviléges. Mais peut-être, en prévoyant une révolution sociale, s'étaient-elles un peu trop hâtées de la croire imminente. Habituées à une existence paisible, vivant du travail, il est vrai, mais ignorant la misère, à l'abri des soucis qui amènent l'ambition et la soif d'acquérir, les classes inférieures du Japon ne sont pas faites pour comprendre l'esprit remuant et inquiet de notre époque. Nous croyons qu'il faudra de longues années pour qu'à notre contact ces sentiments se développent chez le peuple japonais. Il est peut-être cependant une classe mieux préparée que les autres à cette transformation d'idées : c'est celle des petits officiers et fonctionnaires, plus instruite, en contact journalier avec les étrangers (les transactions commerciales se font par leur intermédiaire), ayant dans deux ambassades entrevu et paru vivement apprécier la civilisation européenne. Quelques rapides fortunes faites exceptionnellement parmi eux, grâce au talent ou à la faveur, y ont nécessairement développé l'esprit d'ambition ; la fréquentation journalière et immédiate des hautes classes diminue pour eux le prestige presque sacré qu'elles exercent sur le peuple. C'est donc parmi eux que pourrait germer tout d'abord l'esprit d'indépendance.

Il ne faut pas compter pour cette transformation sur l'influence du christianisme, au moins dans les conditions actuelles. Admis par les traités à exercer le culte chrétien pour leurs coreligionnaires, les missionnaires trouvent à la porte de leurs temples une barrière invisible, mais infranchissable, qui ferme absolument le Japon à leurs efforts[1]. Nous pensons donc qu'au lieu d'y préparer, comme

1. Dans les premiers temps de leur arrivée au Japon, les missionnaires cherchèrent à faire secrètement des prosélytes ; mais les indigènes qui avaient paru les écouter ne tardaient pas à disparaître sans qu'il fût possible d'avoir de leurs nouvelles. Les

il pourra le faire en Chine et dans certaines
autres contrées, un nouvel ordre de choses, le
christianisme ne s'y introduira qu'après cette transformation accomplie. Jusque-là, le rôle de nos missionnaires se réduira donc à l'étude, féconde en
enseignements, de la langue et des institutions
nationales.

L'économiste devra se féliciter de cette transformation du Japon, qui jettera dans le grand courant industriel les ressources immenses d'un vaste
territoire. Le gouvernement japonais conserve avec
un soin jaloux ces ressources, et d'une main par-
cimonieuse dispense aux commerçants étrangers ce
qu'il est contraint de donner pour suivre la lettre
des traités qui le lient. Mais laissons-lui le loisir
d'apprécier les bienfaits de notre civilisation et les
avantages qu'il peut retirer d'un commerce libre
de toute entrave ; en même temps efforçons-nous,
par une politique à la fois ferme et franche, de le
maintenir dans l'observation de ses devoirs, et
d'écarter de son esprit la crainte de la conquête ;
nous verrons peu à peu tomber les barrières qui
se sont brusquement élevées autour de nos comptoirs au Japon dès le lendemain de leur création,

missionnaires ont dû renoncer entièrement à toute tentative de
ce genre.

et les brillantes espérances conçues prématurément lors de la signature des traités de 1858 se
réaliseront enfin : l'ouverture de l'empire du *Grand
Nipon* sera un fait accompli.

Kéraval, octobre 1865.

FIN.

TABLE.

CHAPITRE I.

CHAPITRE II.

CHAPITRE III.

CHAPITRE VII.

CHAPITRE VIII.

CHAPITRE IX.

FIN DE LA TABLE.

8486. — IMPRIMERIE GÉNÉRALE DE CH. LAHURE

Rue de Fleurus, 9, à Paris

LIBRAIRIE DE L. HACHETTE ET Cie
Boulevard Saint-Germain, 77, à Paris.

PUBLICATIONS ILLUSTRÉES

I. FORMAT IN-FOLIO.

Achard (Am.) : *Bade et ses environs.* Un magnifique vol. contenant 28 grandes lithographies et 29 grav. sur bois, rel. en percal. 100 »

Cervantès Saavedra (Miguel de) : *L'ingénieux Hidalgo don Quichotte de la Manche*, traduit par Louis Viardot. Édit. de grand luxe, contenant 376 dessins de Gustave Doré, gravés sur bois par Pisan. 2 magnifiques vol. cart. richement. 160 »

Chateaubriand (de) : *Atala*, édit. de grand luxe, avec 44 dessins de G. Doré (30 belles compositions tirées à part, et 14 autres belles grav. insérées dans le texte). Un magnifique vol. cart. richement. 50 »

Dante Alighieri : *L'Enfer*, édit. de grand luxe, contenant la traduction française de P. A. Fiorentino, le texte italien et 76 grandes compositions de G. Doré, gravées sur bois et tirées à part. Un magnifique vol. cartonné richement. 100 »

Le même ouvrage, texte italien seul, également illustré des 76 grandes compositions de G. Doré. Un magnifique vol. cart. rich. 150 »

Lallemand (Ch.) : *Les Paysans badois.* Un vol. contenant 16 grandes pl. coloriées et 12 vign. imprimées dans le texte, rel. en percaline. 12 »

Trémaux (P.) : *Voyage dans la Nigritie, au Soudan oriental et dans l'Afrique septentrionale.* Grand atlas de 51 planches, avec texte, cartes, etc. 120 »
    (En outre, 2 vol. in-8 : *Égypte et Éthiopie;* prix, 6 fr.; *le Soudan,* prix, 6 fr.)

— *Parallèles des édifices anciens et modernes du continent africain.* Grand atlas de 82 planches en partie coloriées, avec texte, cartes, etc. 130 »

— *Exploration archéologique en Asie Mineure.*
    Formera 43 liv. de 5 planches et texte. Les premières liv. sont en vente. Prix de chaque liv. 10 »

II. FORMAT IN-4.

Baric : *Martin Landor* ou *la Musique enseignée aux enfants*, par Kroknotzki. 1 vol., 16 pl. color. cart. 5 »

Bertall : *Les Infortunes de Touche-à-Tout*, hist. amusantes pour les petits enfants. 1 vol. (24 pl. col.) cart. 3 »

Bible populaire (la), histoire illustrée de l'Ancien et du Nouveau Testament, par M. l'abbé Drioux, 140 liv. de 8 pages, formant 2 vol. gr. in-8, ill. de 620 vignettes. Chaque vol. broché, 10 »
    On peut se procurer l'ouvrage par livraisons à 15 c. ou par volumes.
    Chaque volume se vend séparément.

Delbrück (Jules) : *Les Récréations instructives*, sur les animaux, les arts, les sciences, accompagnées d'images, de rondes enfantines, musique avec piano pour petites mains 4 sér. formant chacune 1 vol. Chaque vol. sépar. 12 fr.
    La reliure en percal. tr. jaspées se paye par série, 1 fr. 75; en percal. tr. dorées, 2 fr. 75; en percal. rouge, tr. dorées, 3 fr. 75.

Histoire populaire de la France. L'histoire populaire de la France, publiée en 212 livraisons à 10 cent. (de 8 pages chacune), forme 4 vol. grand in-8, illustrés de 1358 vign. Chaque volume broché. 6 fr.
    On peut se procurer l'ouvrage par livraisons ou par volumes.
    Chaque volume se vend séparément.

Lamartine (Alph. de) : *Graziella*, édition de grand luxe, avec 35 gravures, composition d'Alf. de Curzon et 9 vig. 1 vol. in-4, richem. cartonné. 25 »

Laujon (Léon de) : *Contes et Légendes*, ill. par G. Doré. 1 vol. br. 10 »

Le Foyer des Familles, mag. cath. ill. Les années 1860, 1861, 1862 et 1863 du *Foyer des Familles* forment chacune un beau volume de 416 pages, illustré de plus de 360 vignettes. Chaque volume se vend, broché, 5 fr. 50 c.; relié en percal., tr. jaspées, 7 fr.; tr. dorées, 7 fr. 50.

L'Épine (Ern.) : *Histoire du capitaine Castagnette.* Un vol. (43 vign.) 6 »
Le cartonn. en perc. gaufrée dorée se paye en sus 2 fr.
— *La Légende de Croque-Mitaine.* 1 vol. 120 vignettes. 15 »
Le cartonnage en percaline gaufrée se paye en sus 3 fr.
Le Tour du monde (voy. ci-après).
Trim : *Albums* pour les enfants de trois à six ans, coloriés et cartonnés :
ABC Trim, alphabet enchanté, illust. par Bertall. 3 »
La Journée de deux petits garçons ; Histoire du bon Toto et du méchant Tom, illustrée par Jundt. 3 »
Jean Bourreau, le bourreau des bêtes, illustré par Jundt. 3 »

La Poupée, illustrée par Jundt. 3 »
Le Calcul amusant, ill. par Bertall. 3 »
Les Défauts horribles, ill. par Jundt :
I. Gourmands et malpropres. 3 fr.
II. Menteurs, envieux, curieux, criards et trépignards. 3 fr.
III. Le Poltron. 3 fr.
Les Bêtes, cours d'histoire naturelle et de morale, ill. par Bertall. 3 »
Pierre l'ébouriffé, joyeuses histoires, trad. de l'allemand du dr Hoffmann sur la 360e édit. 3 »
Histoire comique et terrible de Loustic l'espiègle, ill. par Bertall. 3 »
Histoire de Jean-Jean gros Pataud, ill. par Pelcoq. 3 »

III. FORMAT GRAND IN-8.

Le cartonnage, soit en percaline, soit en demi-reliure chagrin, tranches dorées, se paye 4 fr. en sus des prix ci-après indiqués.

About (Edm.) : *Le Roi des montagnes* (158 vign. par G. Doré). 1 vol. 5 »
Biard : *Deux ans au Brésil.* 1 vol. 20 »
Burton (le capit.) : *Voyage aux grands lacs de l'Afrique orientale*, trad. de l'anglais. 1 vol. (40 vign.) 10 »
Colart : *Histoire de France méthodique et comparée*, avec tableaux synoptiques et 77 grav. sur acier. Nouv. édit. 1 vol. gr. in-8 oblong. 13 50
Cartonné. 15 »
Delapalme, conseiller à la Cour de cassation : *Le Livre de mes petits-enfants.* 1 vol pour chacune des pages duquel M. Giacometti a dessiné un riche encadrement reproduisant plusieurs scènes du texte. 10 »
Dufferin (ord) : *Lettres écrites des régions polaires*, et trad. (25 vign., 3 cartes). 1 vol. sur papier teinté. 5 »
Figuier (L.) : *La Terre avant le déluge* (358 vign.). 4e éd., augment. 1 v. 10 »
— *La Terre et les Mers*, ou description physique du globe. 1 vol. (190 vign.). 2e édit. 10 »
— *Histoire des Plantes.* 1 vol. (415 vig.). Broché. 10 »
— *La Vie et les Mœurs des animaux.* 1re série : *Zoophytes et Mollusques.* 1 vol., illustré de plus de 300 pl. 10 »
— *Le Savant du foyer*, ou notions scientifiques sur les objets usuels de la vie. 3e édit. 1 vol. 10 »
— *Les grandes Inventions scientifiques, industrielles et artistiques des temps anciens et modernes.* 3e édit. (220 gr.) 1 vol. 10 »

Frédol (Alfred) : *Le Monde de la mer.* 1 magifique vol. in-8 jésus, contenant 22 pl. gravées sur acier et tirées en couleur, et 198 grav. sur bois. 30 »
Gastineau (Benjamin) : *Chasses au lion et à la panthère en Afrique* (17 dessins par G. Doré). 1 vol. 3 »
Guillemin (Am.) : *Le Ciel*, simples notions d'astronomie. 3e édit. 1 magn. vol. in-8 jésus ill. de 11 pl. tirées en couleur et de 216 grav. sur bois. 20 »
Gumpert (Mme Thècle de) : *Le Monde des enfants*, contes moraux, trad. de l'allemand (125 vig.), 1 vol. tiré sur papier teinté. 5 »
Lamartine (Alph. de) : *Jocelyn*, édit. ill. de 150 vig. 1 vol. 10 »
Livingstone (le Dr) : *Explorations dans l'intérieur de l'Afrique australe*, trad. de l'anglais. 1 magnifique vol. (45 grav. et 2 cartes). 20 »
Nouveau magasin des enfants (le). Quatre séries illustrées :
Première série : 8 contes, par Charles Nodier, Stahl, Octave Feuillet, Balzac, etc. 1 vol. 10 »
Deuxième série : 5 contes, par G. Sand, Alfred de Musset, etc. 1 vol. 10 »
Troisième série : 3 contes, par Alex. Dumas, P. de Musset et Éd. Ourliac. 1 vol. 10 »
Quatrième série : 2 contes, par Alex. Dumas et Alph. Karr. 1 vol. 10 »
Saintine (X.-B.) : *La mère Gigogne et ses trois filles*, causeries d'un bon papa sur l'histoire naturelle et sur les objets les plus usuels. 1 vol (171 vig.) 10 »

Saintine (X.-B.) : *La Mythologie du Rhin*, ill. par G. Doré. 1 vol.   5 »
— *Le Chemin des écoliers* (450 vig. par G. Doré, etc.). 1 vol.   10 »
Sand (George): *Les Romans champêtres.* 1re série : *La Mare au Diable ; François le Champi.* 1 vol. br.   10 »
2e série : *La petite Fadette ; André; La Fauvette du docteur.* 1 v.   10 »
Ségur (Mme la comtesse de) : *l'Évangile de la Grand'Mère*, illustré de 40 grav. sur bois dessinées d'après les croquis de Vetter.   10 »
Speke (le capitaine) : *Journal de la découverte des sources du Nil*, avec cartes et grav. d'après les dessins du capitaine Grant. 2e éd. 1 vol.   10 »
Taine (H.): *Voyage aux Pyrénées.* Magnifique vol., tiré sur papier teinté (350 vig. par G. Doré).   10 »

Trésor littéraire de la France (le), choix de morceaux remarquables empruntés à tous les grands écrivains de notre pays, et publié avec l'approbation de S. Ex le ministre de l'instr. publ. par la Société des gens de lettres. 1 vol., contenant les *Prosateurs*, ill. de 40 magnifiques grav. sur bois dessinées par Bayard et tirées à part.   23 »
Le même ouvrage sans les illustrations. 1 volume.   15 »
Le second vol., contenant les *Poëtes* paraîtra l'an prochain.
Vambéry (Arminius): *Voyages d'un faux derviche dans l'Asie centrale*, de Téhéran à Khiva, à Bokhara et à Samarcand à travers le grand désert Turcoman. Ouvr. trad. de l'anglais, par M. E.-D. Forgues et illustré de 43 gr. 1 vol.   10 fr.

IV. FORMAT IN-18 JÉSUS, A 2 FR LE VOLUME.

La reliure en percaline, tranches jaspées, se paye en sus 75 cent.; en percaline, tranches dorées, 1 fr.

1° BIBLIOTHÈQUE ROSE ILLUSTRÉE

1re Série. — POUR LES ENFANTS DE 4 A 8 ANS.

Anonymes : *Chien et Chat.* 1 v. (45 v.).
— *Douze histoires pour les enfants de quatre à huit ans*, par une mère de famille. 1 vol. imprimé en gros caractères (18 grandes vig.)
— *Les Enfants d'aujourd'hui*, par le même auteur. 1 vol. (40 vig.)
Carraud : *Historiettes véritables* pour les enfants de 4 à 8 ans. 1 vol. (94 vig.)
Fath (G.) : *La Sagesse des enfants*, proverbes. 1 vol. (100 vign.)

Pape-Carpantier (Mme) : *Histoires et leçons de choses pour les enfants.* 1 v. (80 vig.)
Ouvrage couronné par l'Académie.
Perrault, Mmes d'Aulnoy et **Prince de Beaumont** : *Contes de fées.* 1 vol. ill.
Porchat (J.) *Contes merveilleux.* 2e édit. 1 vol. (21 gr. vig.)
Ségur (Mme la comtesse de) : *Nouveaux contes de fées.* 1 vol. (46 vig.)

2e Série. — POUR LES ENFANTS DE 8 A 14 ANS.

Andersen : *Contes choisis*, trad. du danois. 1 vol. (40 vig.).
Anonyme : *Les Fêtes d'enfants*, scènes et dialogues, avec une préface de M. l'abbé Bautain. 1 vol. (41 vig.)
Barrau (Th. H.) : *Amour filial*, récits à la jeunesse. 1 v. (41 vig.)
Bawr (Mme de) : *Nouveaux contes.* 1 vol. (40 vig.) Ouvr. couronné par l'Acad.
Belèze : *Jeux des adolescents.* 1 vol. ill.
Berquin : *Choix de petits drames et de contes.* 1 vol. (40 vig.)
Berthet (Élie) : *L'Enfant des bois.* 1 vol. (61 vign.)
Boiteau (P.) : *Légendes recueillies pour les enfants.* 1 vol. (42 vig.)
Carraud : *La petite Jeanne*, ou le Devoir. 1 vol. (20 vig.)

Carraud : *Les Métamorphoses d'une goutte d'eau*, suivies *des Aventures d'une fourmi*, etc. 1 vol. (50 vig.)
Castillon (A.) : *Les Récréations physiques.* 1 vol. (36 vig.)
Chabreul (Mme de) : *Jeux et exercices des jeunes filles.* 1 vol. (50 vig.)
Colet (Mme L.) : *Enfances célèbres.* 1 vol. (57 vig.)
Edgeworth (miss) : *Contes de l'adolescence*, trad. de l'anglais. 1 vol. (22 vig.)
— *Contes de l'enfance*, trad. 1 vol. (22 v.)
Fénelon : *Fables.* 1 vol. (20 vig.)
Foë (de) : *Vie et Aventures de Robinson Crusoé*, édit. abrégée. 1 vol. (40 vig.)
Genlis (Mme de) : *Contes moraux.* 1 vol. (41 vig.)

Gouraud (Mlle Julie) : *Lettres de deux poupées.* 1 vol. (59 vig.)
— *Mémoires d'un petit garçon.* 1 v. ill.
— *Mémoires d'un caniche.* 1 vol. ill.
Grimm (les frères) : *Contes choisis*, trad. de l'allemand. 1 vol. (40 vig.)
Hauff : *La Caravane.* 1 vol. (40 vig.)
— *L'Auberge du Spessart.* 1 vol. (61 vig.)
Hawthorne : *Le Livre des merveilles*, trad. de l'anglais. 2 vol.
    1re série (20 vig.). 1 vol.
    2e série (20 vig.). 1 vol.
    Chaque série se vend séparément.
Isle (Mlle Henriette d') : *Histoire de deux âmes.* 1 vol. (53 vig.)
Mayne-Reid (le capitaine) : Ouvrages traduits de l'anglais.
— *A Fond de cale.* 1 vol. (12 gr. vig.)
— *A la mer.* 1 vol. (12 vig.)
— *Bruin, ou les chasseurs d'ours.* 1 vol. (8 grandes vig.)
— *Le Chasseur de plantes.* 1 v. (12 gr. vig.)
— *Les Exilés dans la forêt.* 1 v. (12 gr. vig.)
— *Les Grimpeurs de rochers.* 1 vol. (20 gr. vig.)
— *Les Peuples étranges.* 1 vol. (8 gr. vig.)
— *Les Vacances des jeunes Boërs.* 1 vol. (12 gr. vig.)

— *Les Veillées de chasse.* 1 vol. (43 vig.)
— *L'Habitation du désert, ou aventures d'une famille perdue dans les solitudes de l'Amérique.* 1 vol. (24 vign.)
Ségur (Mme la comtesse de) : *Drames et proverbes.* 1 vol. (80 vig.)
— *François le bossu.* 1 vol. (100 vign.)
— *Jean le bon et Jean le mauvais.* 1 vol. (80 vign.)
— *La sœur de Gribouille.* 1 v. (70 vig.)
— *L'Auberge de l'Ange-Gardien.* 1 vol. (75 vig.)
— *Le général Dourakine.* 1 vol. (108 vig.)
— *Les bons Enfants.* 1 vol. (70 vig.)
— *Les deux Nigauds.* 1 vol. (70 vig.)
— *Les Malheurs de Sophie.* 1 vol. (42 vig.)
— *Les petites Filles modèles.* 1 v. (21 vig.)
— *Les Vacances.* 1 vol. (40 vig.)
— *Mémoires d'un âne.* 1 vol. ill.
— *Pauvre Blaise.* 1 vol. (75 vig.)
— *Un bon Petit diable.* 1 vol. (100 vig.)
Swift. *Voyage de Gulliver à Lilliput, à Brobdingnag et aux pays des Houyhnhnms*, trad. et abrégé à l'usage des enfants. 1 vol. (57 vig.)
Vimont (Ch.) : *Histoire d'un navire.* 1 vol. (40 vig.)

3e Série. — POUR LES ADOLESCENTS
ET POUR LES JEUNES FILLES DE 14 A 18 ANS.

Bernardin de Saint-Pierre : *OEuvres choisies.* 1 vol. (20 vig.)
Catlin : *La Vie chez les Indiens*, trad. de l'anglais. 1 vol. (20 vig.)
Cervantes : *Histoire de l'admirable don Quichotte de la Manche*, édition à l'usage des enfants. 1 vol. (54 vig.)
Hervé et de Lanoye : *Voyage dans les glaces du pôle arctique.* 1 vol. (40 vig.)
Homère : *L'Iliade et l'Odyssée*, édition abrégée. 1 vol. (30 vign.)
Lanoye (Ferd. de) : *Les grandes Scènes de la nature.* 1 vol. illustré.
— *La Mer polaire*, expédition à la recherche de Franklin. 1 vol. (26 vig.,

Lanoye (F. de) : *La Sibérie.* 1 vol. ill.
— *Ramsès le Grand ou l'Égypte il y a 3300 ans.* (40 vign.)
Le Sage : *Aventures de Gil Blas*, édit. destinée à l'adolescence. 1 v. (42 vig.)
Mac Intosch (miss) : *Contes américains* trad. par Mme Dionis. 2 vol. (120 vign.)
    Chaque volume se vend séparément.
Maistre (Xavier de) : *OEuvres choisies.* 1 vol. (20 vig.)
Marc-Monnier : *Pompéi et les Pompéiens.* 1 vol. (30 vig.)
Retz (cardinal de) : *Mémoires.* Édition abrégée. 1 vol. (40 gr.)

2e BIBLIOTHÈQUE DES MERVEILLES.

Les Merveilles du monde invisible, par M. de Fonvielle. 1 vol. (100 vign.)
Les Merveilles de l'architecture, par M. André Lefèvre (40 vig.).
Les Merveilles de l'art naval, par E. Renard bibliothécaire au dépôt de cartes de la marine. 1 vol. ill.

Les Merveilles de la météorologie, par MM. Zurcher et Margollé. 1 v. (20 vig.)
Les Merveilles du ciel, par M. Flammarion 1 vol. (40 vign.)
Les Métamorphoses des insectes, par L. Girard, vice-président de la Société entomologique de France 1 vol. (300 vign.)

Imprimerie générale de Ch. Lahure, rue de Fleurus, 9, à Paris.

LIBRAIRIE DE L. HACHETTE ET Cie
Boulevard Saint-Germain, 77, à Paris.

PUBLICATIONS PÉRIODIQUES

RELATIVES A LA LITTÉRATURE, AUX SCIENCES
ET AUX CONNAISSANCES UTILES.

Le prix d'abonnement pour l'étranger varie selon les conditions postales.

LE

TOUR DU MONDE

NOUVEAU JOURNAL DES VOYAGES

PUBLIÉ

SOUS LA DIRECTION DE M. ÉDOUARD CHARTON

et très-richement illustré par nos plus célèbres artistes.

« Faire connaître les voyages de notre temps, les plus dignes de confiance, et qui offrent le plus d'intérêt à l'imagination, à la curiosité ou à l'étude, » tel est le but que l'on s'est proposé en fondant, au commencement de 1860, LE TOUR DU MONDE.

Six années se sont écoulées, douze volumes ont paru, et en poursuivant ce but avec fidélité et conscience, LE TOUR DU MONDE a atteint le succès. Sa publicité s'est étendue au delà des limites de la France : c'est aujourd'hui un recueil européen. Traduit en quatre langues, on le nomme en Italie, *il Giro del Mundo;* en Espagne, *la Vuelta al Mondo;* en Angleterre, *all round the World;* en Allemagne, *Globus illustrirte.*

L'expérience du TOUR DU MONDE démontre que la frivolité des esprits est loin d'être aussi générale qu'on l'avait supposé, et que l'on peut même compter par dizaines de mille

XX

les lecteurs qui n'ont pas besoin qu'on leur altère la réalité par des fictions, pour s'intéresser aux narrations des voyageurs faites en vue, non-seulement du simple amusement, de la curiosité, de l'inconnu, du goût des aventures ou de l'observation des mœurs, mais aussi de l'art, de l'industrie ou de la science.

Tous les récits publiés par LE TOUR DU MONDE sont contemporains ; tous se complètent par des cartes qui constatent l'état le plus récent des connaissances géographiques, et par des photographies ou des dessins rapportés par les voyageurs et qu'ont reproduits sur bois les artistes les plus habiles : MM. G. Doré, Karl Girardet, Thérond, Catenacci et autres. Le nombre des gravures publiées depuis six ans s'élève déjà à plus de trois mille six cents.

LE TOUR DU MONDE est ainsi tout à la fois un livre, un atlas et un album. Il tend sans cesse à s'améliorer sous ce triple rapport, parce qu'il y est encouragé par la faveur publique, et surtout parce qu'il a foi dans la nature et l'importance relative des services qu'il peut rendre. Combien les progrès de l'instruction générale ne seraient-ils pas plus rapides, s'il était donné à chaque science de se produire avec le même attrait, et par suite avec le même succès ! C'est une pensée que doivent avoir présente ceux qui ont à cœur de contribuer à répandre les connaissances utiles : il faut les faire aimer.

CONDITIONS DE VENTE ET D'ABONNEMENT

PRIX DU NUMÉRO : 50 CENTIMES.

Un numéro, comprenant 16 pages in-4, plus une couverture réservée aux nouvelles géographiques, paraît le samedi de chaque semaine.

Les 52 numéros publiés dans une année forment 2 volumes qui peuvent être reliés en un seul.

PRIX DE L'ABONNEMENT POUR PARIS ET LES DÉPARTEMENTS :

UN AN, 26 FR. — SIX MOIS, 14 FR.

Les abonnements se prennent à partir du 1er de chaque mois.

Les six premières années du TOUR DU MONDE (1860 à 1865), formant 12 beaux volumes, sont en vente.

Prix de chaque volume, broché, 12 fr. 50 c.

Prix de chaque année, brochée en un ou deux volumes, 25 fr.

La reliure par volume ou par année se paye en sus.

JOURNAL POUR TOUS

MAGASIN LITTÉRAIRE ILLUSTRÉ

Le *Journal pour tous* paraît les mercredis et samedis.

Prix des numéros, des cahiers mensuels et de l'abonnement : chaque numéro vendu à Paris, 15 c. ; chaque cahier mensuel, contenant 8 ou 9 numéros, vendu à Paris, 1 fr. 50 c. Abonnement de six mois : Paris, 6 fr. ; pour les départements, 8 fr. ; abonnement d'un an : pour Paris, 11 fr. ; pour les départements, 15 fr. Les abonnements se prennent du 1er de chaque mois.

Les seize premiers volumes du *Journal pour tous*, chacun de 836 pages, avec plus de 300 vignettes, table, frontispice et couverture imprimée, sont en vente. Prix du volume broché, 8 fr.

LA SEMAINE DES ENFANTS

MAGASIN D'IMAGES ET DE LECTURES AMUSANTES ET INSTRUCTIVES

Paraissant le mercredi et le samedi de chaque semaine. Prix du numéro, 15 c. Les abonnements se prennent pour six mois, à partir du 1er de chaque mois ; pour Paris, six mois, 6 fr. ; un an, 11 fr. ; pour les départements, six mois, 8 fr. ; un an, 15 fr.

Les douze premiers vol. format gr. in-8, avec titre, table et couverture, sont en vente. Prix de chaque vol. br., 8 fr. La rel. en percal. gaufrée se paye en sus, avec tr. jasp., 1 fr. 50 c. ; avec tr. dor., 2 fr. La reliure en percal. rouge, plats en or, tr. dor., 3 fr.

LES MILLE ET UNE NUITS

Contes arabes traduits par Galland, nouvelle édition illustrée de plus de 500 vignettes par G. Doré, Berthall, Foulquier, Worms, Castelli, Chasal, etc. *Les Mille et une Nuits* seront publiées en 100 livraisons environ de 8 pages grand in-8 à 2 colonnes, contenant, en texte et en vignettes, le double de toutes les livraisons ordinaires à 10 centimes.

Les livraisons paraissent régulièrement le mercredi et le samedi de chaque semaine, depuis le 27 avril 1865. Prix de la livraison : 15 centimes. La vente se fait aussi par fascicule de 10 livraisons avec couverture. Prix : 1 fr. 50 c.

LES TROIS RÈGNES DE LA NATURE

Lectures d'histoire naturelle, publiées sous la direction du docteur Chenu, et illustrées de nombreuses vignettes. Il paraît un numéro de ce recueil le samedi de chaque semaine, depuis le 1er janvier 1864. Prix du numéro : 15 c. ; par la poste, 20 c. Prix de l'abonnement : pour Paris, six mois, 4 fr. ; un an, 8 fr. ; pour les départements, six mois, 5 fr. ; un an, 10 fr.

La première année (1864), formant 1 beau vol. gr. in-8, ill. de 300 gr., est en vente. Prix, br., 8 fr. — Relié en perc. 9 fr. 75 c. — Relié, dos en mar., plats en toile, tranch. dor., 11 fr. 75 c.

Le but de ce journal est de vulgariser des connaissances aussi utiles qu'intéressantes, et de développer dans les esprits le goût des sciences naturelles. Il s'adresse à toutes les intelligences, comme à tous les âges et à toutes les positions sociales. Assez sérieux pour intéresser même le savant, il réunit toutes les conditions d'une lecture attrayante et instructive. L'étude de la nature est pleine de charme pour ceux même qui n'en font qu'un sujet de distraction ; c'est une inépuisable mine de jouissances ; plus on sait, plus on veut savoir.

LE PARTHÉNON DE L'HISTOIRE

Six volumes royal in-4, publiés simultanément et illustrés de 1500 magnifiques gravures.

EN VENTE :

1° *La Russie*, par Piotre Artamof. 2 vol. (450 gravures).

2° *Les Reines du monde*, par l'élite de nos écrivains. 1 vol. (150 gravures).

3° *La Révolution française*, par Jules Janin. Tome I (250 gravures).

EN COURS DE PUBLICATION :

3° *La Révolution française*, par Jules Janin. Tome II (500 gravures).

4° *Galeries de l'Europe*, par J. Armengaud, t. II (450 gravures).

Prix de chaque volume relié dos maroquin, avec ornements dorés sur les plats, tranches dorées, 60 fr.

Le Parthénon de l'histoire se publie en 50 livraisons doubles. Il paraît, depuis le 1er décembre 1862, une livraison double par mois. Chaque livraison double comprend 2 feuilles (16 pages) de *la Révolution française*, 2 feuilles (16 pages) de *la Russie* et 2 feuilles (16 pages) des *Reines du monde*, auxquelles succèderont les *Galeries de l'Europe*, et est enrichie de 10 à 12 magnifiques gravures intercalées dans le texte. Prix de chaque cahier contenant deux livraisons, 10 fr.

Les vingt-six premiers cahiers contenant les cinquante-deux premières livraisons sont en vente.

HISTOIRE POPULAIRE CONTEMPORAINE

DE LA FRANCE

L'Histoire populaire contemporaine de la France (1815-1863) sera publiée en 200 livraisons environ, de 8 pages chacune, et formera 4 vol. grand in-8, illustrés de plus de 800 vignettes. Les livraisons paraissent régulièrement le mercredi et le vendredi de chaque semaine, depuis le 27 février 1864. Cette histoire fait suite à l'*Histoire populaire de la France*. Prix de la livraison : 10 centimes; par la poste : 15 centimes.

Les trois premiers volumes sont en vente. Prix de chaque volume, broché, 6 fr. La reliure en percaline gaufrée se paye en sus : tranches jaspées, 1 fr. 50 c. tranches dorées, 2 fr.; percaline rouge, plats en or, tranches dorées, 3 fr.

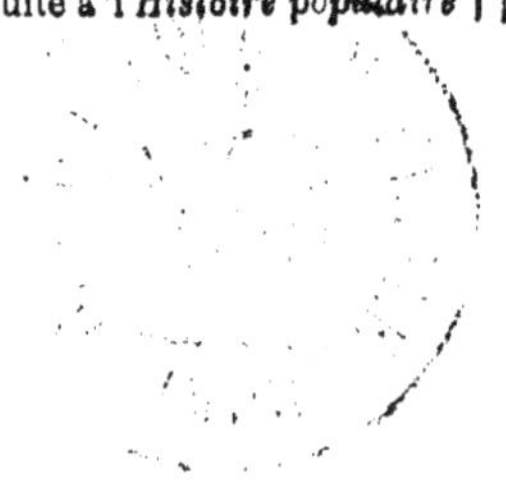

Imprimerie générale de Ch. Lahure, rue de Fleurus, 9, à Paris.